齋藤 孝
Takashi Saito

Ta eis heauton

図解 自省録

人生を考え続ける力

ウェッジ

図解　自省録

人生を考え続ける力

はじめに ――『自省録』は、私たちの人生の錨となってくれる

いまの時代は、毎日の生活を送るにも、ストレスが増えています。気候変動の影響も大きくなり、各地で戦争が起き、また生成ＡＩも出てくるなど、世の中もどんどん変化していく。「どこか生きにくい、自分の心が保ちにくい」と感じている方も多いのではと思います。

そうしたとき、マルクス・アウレリウス・アントニヌス（以下マルクスと略）の『自省録』は、ちょうど船の「錨《いかり》」にあたるものとなります。激しい風が吹いたり波が荒れたりしても、錨を下していれば、船は漂わずに一定の位置に停泊できます。現代の私たちにとって、『自省録』とは、人生の錨となる本なのです。

そのわけは、ふたつあります。

ひとつは、『自省録』に記されている考え方が、「常に自分の内面と対話して、自分自身をしっかり保つ」という思想で貫かれている点です。そして「外部にわずらわされずに自分を保ち、理性の力を信じよう」というメッセージが、各所に込められています。

こうした信条を、マルクスは繰り返し説いています。私たちはそれを何度も読んでいるうちに、心持ちが次第にしっかりと、強くなってくる。「自分の中に、理性という存在があるのだ」

と、感じることができるようになります。そこが、素晴らしいところです。

ふたつめは、マルクスと私たちの共通点です。

古代ローマ帝国の五賢帝の最後、マルクス・アウレリウスが生きた時代は、周囲の民族が国境を越えて侵入しはじめ、それを防ぐため戦争が絶えませんでした。

ほんとうは哲学者になりたかったマルクスは、戦乱や政務など、現実の厳しい環境の中、自分の理想と現実のあいだで、引き裂かれる日々を送っていたのです。

厳しい日々にあってもマルクスは、自分の信じる哲学に忠実な生き方をしたいと願っていました。そうした願いは『自省録』の中にも、しばしば読み取ることができます。

実は、マルクスの置かれたこうした状態は、いまの私たちにも、共通するものがあるのではないでしょうか。

ほんとうにやりたいことがある。でも、いま目の前にある仕事、課されている役目を果たしていかなくてはならない。騒然とした世の中、いろいろと思いどおりに行かない人生の中で、どのように自分を保ったらよいのか、どのようにして人生を意味あるものとするか。

こうした切実な思いに、『自省録』はいろいろなかたちで、応えてくれると思います。

マルクスは、ストア哲学を、生きるためのよりどころとしていました。そして、ただ考えるだけでなく、その考え方を実際の生活に活かしつつ、実践的に哲学を生きた人です。ですから、『自省録』はストア哲学の、よき実践例ともなっているのです。

さらにストア哲学だけでなく、そこにはマルクス自身の人生観も込められています。「人生ははかない。一瞬である」といった、自身の人生経験からくる感慨が、この『自省録』独特の、魂に訴えてくる表現となって結実しています。

また、考え方の筋道だけでなく、ちょっとした表現や言葉遣いにも、マルクスの息遣いが感じられるような、温かさや魅力があります。彼が自分に向かって語りかけた言葉ですから、私たちはそれを自分たちに語りかけられた言葉として、素直に読むことができるのです。

このように哲学的な思考を、自分自身の体験とすり合わせて深め、自己を形作っていった人物、それがマルクス・アウレリウス・アントニヌスであり、そのつぶやきが、『自省録』なのです。

この本では、数多いマルクスの言葉の中から、日々の生活や人生を考えさせる、印象的な箇所をセレクトしてみました。元の文章では、複雑でわかりにくい表現もありますが、マルクスの考えたこと、いいたいことを、なるべくシンプルなかたちで取り上げて、現代の私たちに届く言葉、メッセージとして再構成したのが、この本です。

各項目を読み進めていくと、「あ、これは前の項目と重なるな」と思われることもあると思います。

マルクス・アウレリウス・アントニヌスの思考は、すべてが有機的につながっています。しっかりとした幹が思考にあります。

この「思考の一貫性」を、読み進めながら、身に落としこんでいってもらえれば、日々のふとした瞬間に、『自省録』の思考が助けになってくれると私は信じています。

＊『自省録』の引用文は、神谷美恵子訳『自省録』（岩波文庫・2022年）、鈴木照雄訳『自省録』（講談社学術文庫・2022年）を参考にしています。感謝申し上げます。引用文の末尾にある番号は、『自省録』の巻と断章を表しています。

図解　自省録　人生を考え続ける力　——　目次

第2章 自分と自分の周りを幸せにする方法

第3章 よりよく生きていく方法

第1章

自分を自分のコントロール下におく方法

まどわされない生き方／生と死と運命の考え方

まどわされない生き方①

生き方の基本は、実は自分の中にある

足が足の分をなし、手が手の分を果たすかぎり、手や足の働きは自然に反していない。同じように人間が人間の分をなすかぎり、人間の働きも自然に反することではない。（6－33）

すべて自然にかなう言動は、君にふさわしいものと考えよう。その結果生ずる他人の悪口や評判によって横道に逸れないように。

そんなことにはわき目もふらずに、まっすぐ君の道を行き、自分の中の自然と、宇宙の自然とに従うがよい。この二つのものの道はひとつなのだから。（5－3）

「自然」にかなった行いをする それが人間の生き方の根本だ

「人間のすることは、自分の内にある『自然』に反していなければ、それでよいのだ」。これが、ポイントです。

手や足が、それぞれの役割を果たすのは、自然がそのように定めたから。同じように人間の行いも、自然によって定められている。自然にかなう言動であれば、それは自分にふさわしいものだから、ほかの人からあれこれ言われたとしても、気にすることはないのです。

ここでいう「自然」とは、山や海、草木といった自然界を指すだけではなく、「宇宙を支配する法則」であり、「理性」と考えられるものです。これは「ストア哲学」の基本的な考え方で、マルクスはストア哲学を、自分の心のもち方や行動のよりどころとしていました。

この**「自然」は、宇宙全体を統率するものですから、宇宙の一部である人間の行動も、当然、自然に従うのがよいことになります。**そこで、「自然に従う」「自然にかなう」ことが、人間の生き方の根本の指針になるわけですね。それが「人間の分」でもあるのです。

自分の中にある理性が導くままにわき目もふらずに、進んでいく

人間の内側には、自分を導いてくれる理性がある。それは自然に従っているのだから、自分の理性に従って、わき目をふらずに進んでいけばよい。自分の自然と宇宙の自然、この二つは同じものなのですね。宇宙を支配する理性が、人間にも分かち与えられているのです。

この考え方によれば、**自分がどういう生き方をするかは、外側から与えられるものではなく、内なる自然から、生まれてくるものとなります。**

「インナーゲーム」といって、アメリカのテニスコーチ、ティモシー・ガルウェイが、その著書で述べたスポーツの発想法があります。これは、内なる自然の声を聞くと、テニスやゴルフなどのスポーツが上達する、という考え方です。

意識を集中させて、いま自分が動いている様子を、ありのままに感じ取りながら、自分の潜在的な能力を最大限に発揮する方法で、自分の中に潜む自然の教えるままに従うわけです。

また、とても厳しい環境で働いているときには、体の内側から発してくる声を聞き、「あ、これはもう、いっぱいいっぱいだな」と感じたら、適度なところで休む。そうすると、精神的

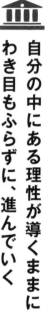

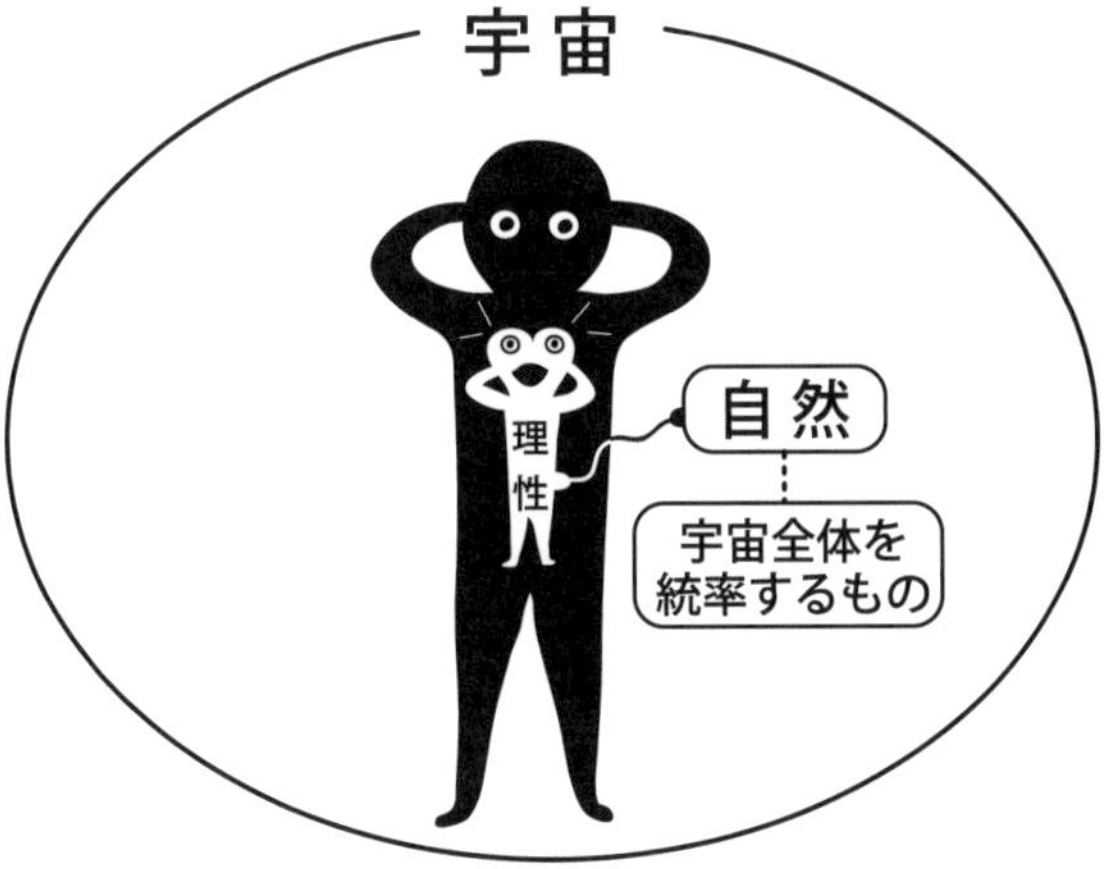

宇宙を支配する法則（理性）が自分の中にもある

にひどく追い込まれないですみます。それは会社のためにもなります。

以前は、無理してでも会社に行くことが、会社にも自分にもプラスになる、と考えていたと思います。しかし、休むべきときには休むほうがいい、というのが現在、一般的な流れですね。

マルクスの哲学の優れたところは、このように「破綻しない」で生きることなのです。パニックになって、何もかも投げ出してしまうような状態にはなりません。

皇帝ですから、抱えている問題はあまりにも複雑で大きい。その人が破綻しないでやって来られた。その精神的なバックボーンが、この『自省録』には書かれているのです。

まどわされない生き方②

すべての瞬間を、前向きに生きる

何かをするときは、気の進まないままするな、利己的な気持ちからするな、よく考えずにするな、心にさからってするな。

君の考えを美辞麗句で飾り立てるな。よけいな言葉や行いをつつしめ。（3－5）

完全な人とは、毎日を、あたかも自分の最後の日であるかのように過ごし、動揺もせず、無気力にもならず、偽善もないことである。（7－69）

しなければならない義務があれば いやいやながらでなく、喜んでやるのがよい

義務を果たすときは、どのような気持ちで行うのがいいのでしょうか。

税金を例にとってみましょう。福沢諭吉は『学問のすすめ』の中で、「快く運上《うんじょう》を払うべきなり」といっています。運上は税金のことです。

私たちは安全や教育、社会保障、公共施設など、いろいろと国家の世話になっています。税金は「取られるもの」と思うと、つらい。利己的になって、いやいや払うより、どうせ払うなら**むしろ税金を払うためにこそ、自分は働いているのだ、と考えてもいいのです。**

アパグループ会長の元谷外志雄《もとやとしお》さんは、税金について「一生懸命に事業で儲けて、税金を払うことで信用が高まる」と、あるインタビューで語っていました。儲かっているのに、赤字経営をして節税するのではなく、1円でも多く税を払うことを旨としているそうです。

その気になってやってみれば、痛くないどころか、いっそ力が湧いてくる。生きる態度や姿勢次第で、見え方が変わり、人生が変わってきます。

いつも「今日が最後の日だ」と思って毎日をいつわりなく過ごそう

毎日が「自分の最後の日なのだ」と思って、偽善も動揺もなく過ごしなさい、といいます。最後の日なのですから、次に何が起ころうが、もう関係ありません。人の目なども気にならない。何かをごまかす必要もなければ、嘘をつく必要もない。そうした最後の日のように毎日を過ごすことは、とてもいさぎよく、立派なことなのです。

俳人の三橋鷹女《みつはしたかじょ》に「白露や死んでゆく日も帯締めて」という句があります。実際、いつが最後の日になるか、わかりませんね。死を恐れずに、自分自身を、まっさらな状態で整えよう、ということです。偽善的になったり、美辞麗句で自分を飾り立ててしまうと、後でツケが回ってきます。

うわべだけ飾っていると、本来の自分と、自分の外から見えるイメージとがずれてきてしまうのです。そのずれが、自分を苦しめてくることがあります。

「いつもニコニコして、とても愛想のいい人だ」と思われるようにし続けている。でも、ほんとうは内面では、そんなにいつも余裕があるわけではないので、いつか耐えられなくなって、

今日が最後の日だと思って生きる

苦しくなってしまいます。

マルクスには、**「自分自身の心をきちんとセッティングしておけば、この世は何とかやり切れるものだ」**という信念があります。自分がすべての出発点であり、コントロールできるのは自分だけなのです。自分の外の環境や、ほかの人の考えではコントロールできません。

まず自分自身を整えよ、ということなのですね。どうせやらなきゃいけないことなら、いやいやながら行ってもつまらない。私の知っている居酒屋の店長さんは、いつも「喜んで！」を返事にしています。これをずっと続けているのは、「整っているなぁ」と感じます。

大変なときこそ、余裕ある行動を意識する

行動においては杜撰《ずさん》になるな。会話においては混乱するな。思想においては迷うな。魂においては自己に集中しすぎることなく、また外に拡散してしまわないようにせよ。人生においては余裕を失うな。（8－51）

明け方に起きにくいときには、次のことを念頭に置くがよい。

「人間の務めを果たすために、私は起きるのだ」

小さな草木や、小鳥、アリ、クモ、ミツバチまでが、自分の務めに勤しみ、それぞれ自己の分を果たして、宇宙の秩序を形作っているのを見ないのか。（5－1）

余裕のないときに、あわてて行動を起こすと、失敗することになる

「人生においては余裕を失うな」。この一文だけでも、なにかピシっときます。

実際、生きていくときに余裕がなくなってしまうと、これは危ないわけです。SNSの場合でも、自分のことばかり考えて投稿してしまうと、ひとりよがりになって、妙なことを書いてしまいがちです。逆に自分を失って、ほかの人の意見ばかりに気を遣っていると、考えが拡散してしまって、何をいいたいのか、ぼやけてしまいますね。

また、自分が追い込まれて、余裕のないときに文章を書くと、「しまった、あんなこと書かなければよかった」と、後悔することがあります。自分の思い込みが、強くなりすぎるからでしょうね。

私の学生時代に、遠距離恋愛中の友人がいました。夜中に私のところに興奮してやって来て、「彼女に手紙を書いた。いまからこれを出すんだ」と言うのです。ものすごい長文のラブレターでした。「ちょっと待て！」と止めたのですが、結局、彼は投函してしまった。

後からわかったことですが、実は誤解に基づいた情報によって、手紙を書いてしまったらし

い。結局、彼女とは難しくなってしまったのです。

「杜撰になるな」「混乱するな」「余裕を失ってはいけない」といったマルクスの戒めが、こうしたときのよい指針になると思います。

それぞれが自分の務めを、きちんと果たさないと宇宙の秩序が、壊れてしまう

人間の務めを果たすこと、それは宇宙の秩序を形作ることです。

ミツバチや小さな草木も、みな自分の務めに勤しんでいます。ミツバチがいなくなると、花粉が運ばれないため、農産物ができなくなり森も消えるなど、この世界の維持が難しくなるといわれます。

このように、それぞれが自分の務めを果たして、宇宙が形作られているのですね。

では、**人間の務めとは何か。それは内なる理性に従って、行動することです。それが宇宙の秩序を形作る。**そして、余裕を失わずに行動することも、肝心ですね。

もし、いま第三次世界大戦が始まり、核戦争が起きたとすれば、それは私たち人間が、理性を

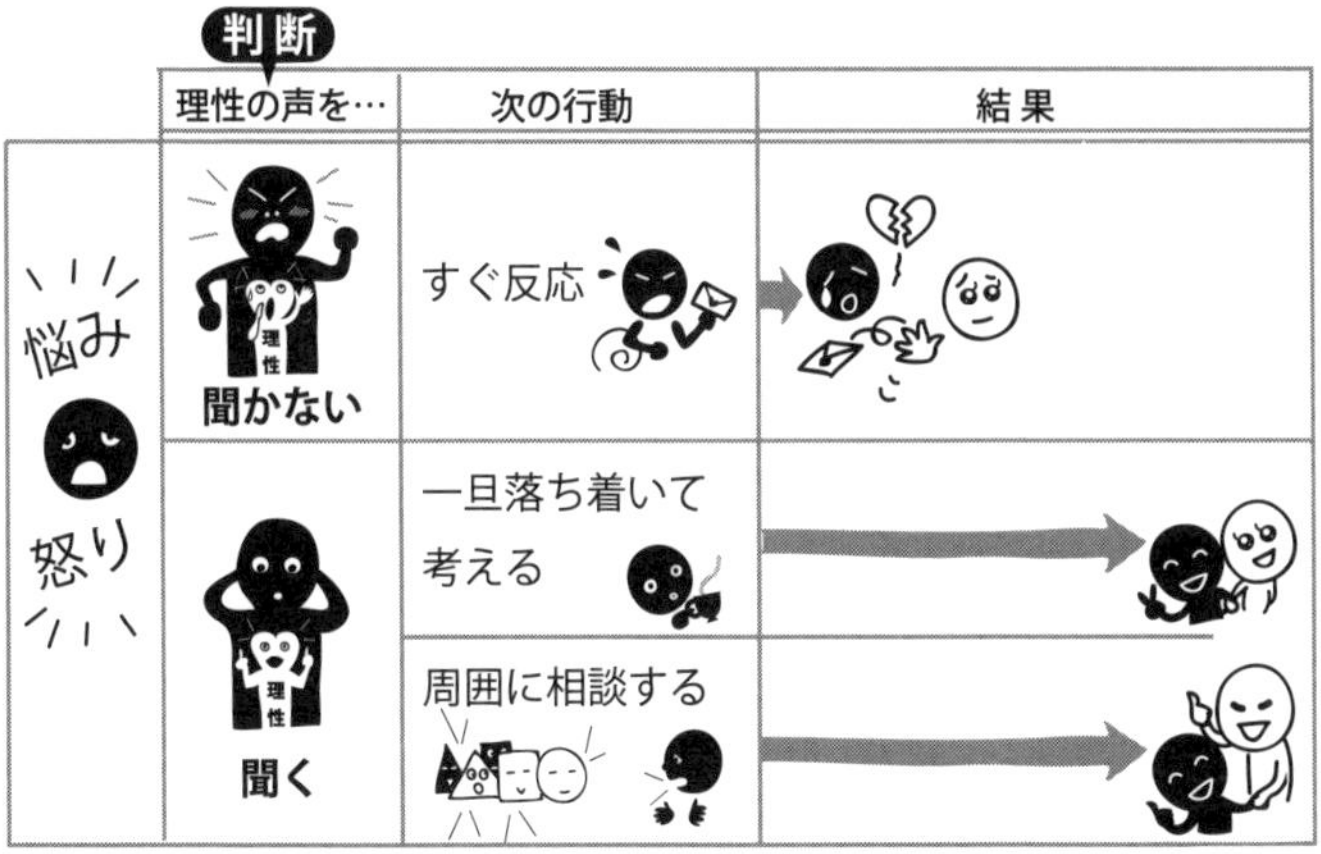
判断
理性の声を…
次の行動
結果
悩み
怒り
理性
聞かない
すぐ反応
一旦落ち着いて
考える
聞く
周囲に相談する

理性を働かせる「溜め」の時間を作ろう

うまく働かせることができず、攻撃性や自己中心性が、前面に出てしまった結果なのです。

そうして、地球という宇宙の秩序が、破壊されてしまう。

人間は核を作るだけの知力をもっています。でもその知力は、理性というブレーキとセットでなければ意味がない、ということですね。

ところで、『自省録』の文章には、命令口調や、「君は」といった呼びかけ・問いかけが、よく出てきます。これはマルクスが、自分自身に語りかけているのです。自分を戒めたり、注意を喚起したり、元気づけたりしています。それは同時に、いま読んでいる、現代の私たちにも、語りかけていることになるのですね。

「理性的」動物の魂を追い求めよ

理性的な魂は、自分を眺め、自分を分析し、意のままに自分を形作り、自分に成る果実を自分で収穫し、人生の終止符がいつ打たれようとも、自己固有の目的を達成する。（11－1）

「どちらをお望みか。理性的動物の魂をもつことか、それとも理性のない動物の魂をもつことか」「理性的動物の魂だ」「どんな理性的動物？　健全な、それともよこしまな？」「健全な」「では、なぜそれを追い求めない？」「私たちはすでに、それをもっているから」「では、なぜ戦ったり、言い争ったりするのだろう」。（11－39）

理性的な魂とは、人間だけがもつことのできる、素晴らしいものだ

これまでにも説かれてきたように、「内なる理性」「理性的な魂」というものが、人間それぞれの心の中にあります。これは誰も奪い取ることができません。

17世紀フランスの哲学者、ルネ・デカルトも、「良識（ボン・サンス）」（正しい判断を下す理性）は、すべての人に公平に与えられている、という見方をしています。

孔子の『論語』には、「匹夫《ひっぷ》も志を奪うべからず」という言葉があります。「身分の低い人間でも、しっかりした志をもっていれば、誰もその志を奪うことはできない」という意味ですね。

このように、**「自分の心のもち方は、自分で決めることができる」のが、「魂の特徴」なのです。**それは人間ならではのもので、理性は神からの素晴らしい贈り物だ、という考えです。

11-39は、マルクスが大きな影響を受けた、古代ギリシャのストア派の哲学者、エピクテトスの言葉から引用したものとされています。引用文のように、「理性的な魂」をもっているはずの人間が、「なぜ戦ったり、言い争ったりする」のでしょう。

それは自分の内なる理性の声に、少しも耳を貸そうとしないからなのです。

人間の魂は、健全で理性的なものであり よこしまになったり、戦ったりするものではない

2022年にロシアによるウクライナ侵攻があり、2023年でも、まだ戦争状態が続いています。国家の権力を握った者が、その力を拡大していき、独裁者となって、よこしまな欲望をあらわにしてくる。それに巻き込まれて、戦争が起こってくるのですね。

しかし、「戦争は、理性的な動物である人間がすることではない」と、マルクスは戒めているのです。彼は戦地で亡くなるのですが、そのとき、「戦争ほど不幸なことはない」と漏らしたといいます。

マルクスの生きた時代の古代ローマ帝国は、ヨーロッパから中東、アフリカ北部まで、最大の領土を誇っていました。ローマの国境近辺には、たえず他民族が侵攻してきていて、皇帝のマルクスはそれを鎮圧するため、戦地で暮らすことがほとんどだったのです。

ところが、マルクス自身は、若いときから哲学が大好きで、ストア哲学の思想をバックボーンとして、心のあり方を整えていきました。

皇帝になるよりは、ほんとうは哲学者になりたかった。ですから、マルクスにとっては、こ

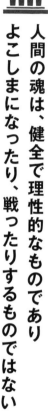

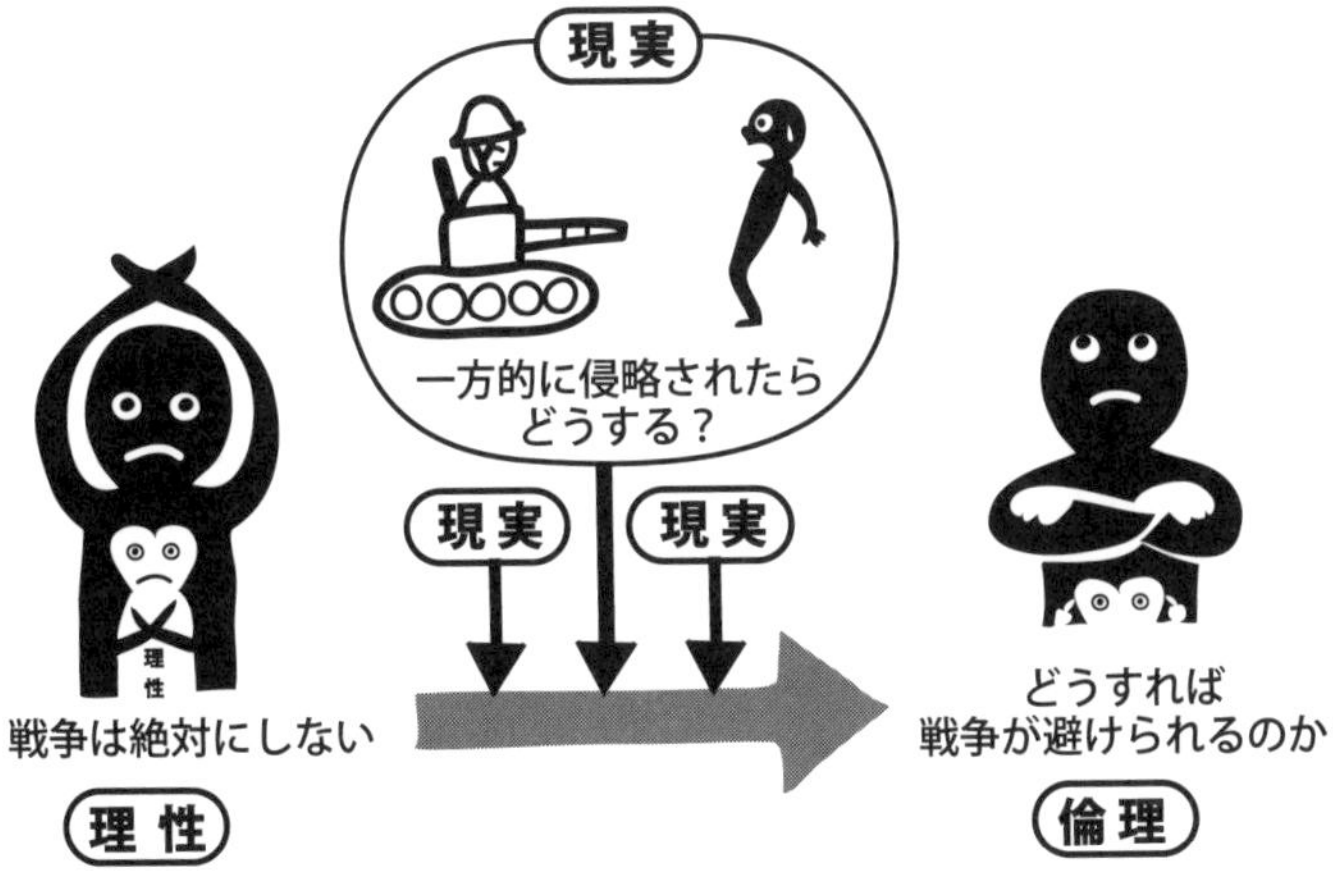
現実
一方的に侵略されたら
どうする？
現実
現実
理性
戦争は絶対にしない
理性
どうすれば
戦争が避けられるのか
倫理

現実に何度も襲われて強くなる

うした生活はとても辛いことでした。**平和を求めているのに、戦いを迫られる。そうしたせめぎ合いの中で、自分の哲学が試されてくるわけです。**

そのため、マルクスの哲学は、実践的なものへと鍛えられ、強靭な思想になっていきました。彼は哲学を「生きていた」のです。

葛藤や悩みを克服するように、彼は自分の理性に問いかけ、実践的に思索を深めていきます。こうした心の遍歴を、誰にも見せるつもりもなく、日々記していました。そのプライベートなノートが、『自省録』として、いまに残されているのです。

長くても、短くても、人生

死のことをよく考え抜いた人間にふさわしい態度は、死に対して無関心でもなく、悲しい気持ちもいだかず、侮るのでもなく、自然の働きのひとつとして、これを待つことである。（9-3）

死を侮るな。これも自然の欲するもののひとつであるから歓迎せよ。たとえば若いこと、年取ること、成長すること、成熟すること、歯やひげや白髪の生えること、出産すること、その他すべて、君の人生のさまざまな季節のもたらす自然の働きのごとく、分解することもまた同様の現象なのである。（9-3）

死は、人生のさまざまな季節のひとつであり自然の働きなので、恐れることは何もない

「死は自然の働きのひとつであるから、恐れることもないし、また侮ってはいけない。むしろ歓迎しなさい」。これが、この項の趣旨です。

青春の季節があることも、成長して年をとって成熟し、老人になって白髪が生えたりすることも、また妊娠して出産したりすることも、これらはみな自然がもたらしてくれる、人生のさまざまな季節なのです。

同様に、自然が人間を分解すること＝死もまた、自然のもたらす現象です。土は人間の体の細胞をすべて分解していきます。人間は土に帰っていく。自然が行う、当たり前の働きです。

樹木の1年間を見ていると、よくわかりますね。芽が出て、花をつけ、やがて散って、葉も落ちていく。こうしたサイクルを毎年繰り返して、いずれは樹木としての生命も終えるのです。

この**循環が当然なのであって、それは自然の働きのひとつにすぎない。ならば死を必要以上に恐れる必要はない、**ということです。

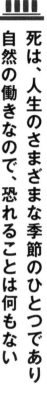

死を恐れずに受け入れ、自分を生き切る それが充実した人生となる

いま、アンチエイジングが流行っています。心身ともに若々しくいたい、ということ自体は、自然な感情でしょう。ところが、もしみんながアンチエイジングの対策をとって、１００歳以上の高齢者が、とんでもなく増えてくると、社会の年齢バランスが、かなり片寄ったものになってしまいますね。

もちろん長生きは悪いことではありません。でも、むやみに死を恐れるような生き方は、人生の過ごし方としては、少しもったいない。自然の働きのなすまま、自然の一部として、自分を生き切ってみるのが、充実した人生となるのでは、と思うのです。

「人生のさまざまな季節」といえば、江戸時代の思想家、吉田松陰《よしだしょういん》が獄中で死を前にして書いた『留魂録《りゅうこんろく》』を思い起こします。

松陰は30歳で「四時《しじ》」、四つの季節を生きたと語っています。四時とは、春、夏、秋、冬のことで、「10歳で亡くなった者には10歳の四時があり、20歳には20歳、30歳には30歳の四時がある」といいます。

生と死はめぐる

ふつうに考えると、たとえば80年生きるなら20歳までが春で、40歳までが夏、というように20年区切りになると思いますよね。ところが、松陰の考えでは、それぞれの人生の長さの中に、春夏秋冬があるというのです。

自分は30歳で刑死するけれど、そこには四時があった。どこが夏でどれが冬か、といった対応を意味するのではなく、**死を迎えたとき、いままでに四時をひと通りめぐった、それはひとつの循環だったのだな、と思う**――松陰は、自然の働きのままに、生きてきたのですね。

「世界を眺めている時間」にこだわらない

もし神が君に「お前は明日か、明後日には死ぬ」と告げたら、それが明日か明後日かは、たいして問題にしないだろう。同様に、明日死のうと、何年も後に死のうと、たいした問題ではない、と考えるがよい。（4－47）

時にかなって来るものだけがよいものであり、正しい理性に従って行うことが、多くても少なくても同じだと考え、世界を眺めている時間が長くても短くてもかまわないと思う人、そうした人には、死も恐ろしくはない。（12－35）

死ぬのが、明日だろうと数年後だろうと同じことだ、と考えて生きよう

人はいつ死ぬのか、これはわからないですね。死は不意打ちしてきます。しかし**死がやってくるのを前もって自覚し、それに見合った生き方をするのは、生きていく〝かまえ〟として可能なことです。**

ハイデガーは、『存在と時間』で、こうした覚悟を「先駆的覚悟」と呼んでいます。

死ぬまでが長いか短いか、それは自然のなせる業ですから、思い悩むことはないのです。前項と並んで、ここにもストア哲学による、マルクスの死生観がよく表れています。

「死に対して怯えすぎるな」という考え方は、日本の武士道にもあります。

「明日は死ぬ」と思っても、あるいは「今日切腹せよ」と命じられても、それを受け入れる。武士はそうした心のもち方を、幼いころから培っていました。

恐れの気持ちがない分だけ、楽に生きることができるのかもしれません。

江戸中期に山本常朝《やまもとつねとも》という武士が語ったことを記した『葉隠《はがくれ》』は、武士の心得としてよく知られています。これに、「武士道といふは、死ぬ事と見つけたり」という、たいへん有名な箇

所があります。「死ぬことを恐れない、いつでも死ねる」という覚悟をもつこと、これが武士道の精神であるといいます。

たとえば「快」か「不快」かの選択では、大抵の人はふつう、快いほうを選んでしまいますが、逆に武士は、常に自分にとって辛いほうを選んでいく。その極致が死なのです。その死すら自分で受け入れられれば、もう何も怖くはない。落ち着いて、家の務めを果たすことができるであろう、と語っています。

どれだけ長く生きたかは問題ではない　死はいつやってきても怖くない

「死はいつ訪れても大丈夫だ」と思うことは、「今日が最後の日だ」と思って生きることでもあります。16ページの引用文7‐69にも、「毎日を、あたかも自分の最後の日であるかのように過ごし」とあります。

「明日が最後だと思って生きなさい。永遠に命が続くと思って学びなさい」とは、インドの政治指導者、マハトマ・ガンジーの名言とされるものです。

「今日という日を無駄に過ごすことがないよう、一生懸命生きていこうではないか」という

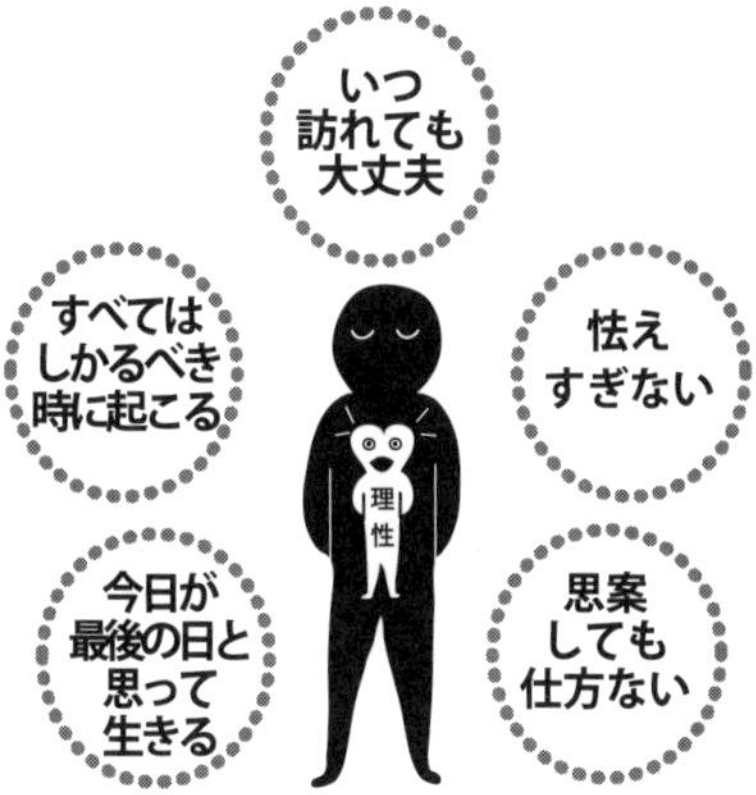
いつ
訪れても
大丈夫
すべては
しかるべき
時に起こる
怯え
すぎない
理性
今日が
最後の日と
思って
生きる
思案
しても
仕方ない

死を想え。死にとらわれるな

呼びかけですね。

12・35の「時にかなって来るものだけが……」では、宇宙は自然の導きによって調和しており、出来事はすべて、しかるべき時に起こる。それを受け入れよう。そして、自分がよいことをしたのが、多かったか少なかったか、また生きている時間が長いか短いか、ということにとらわれてはならない、と説いています。

ただ自然の理性に従った行為をする、それに価値があるのだ。そのように生きていれば、いつ死がやってきても怖くはない、というわけですね。

名声も、命も、ずっと続くものはない

どれだけの人間が君の名前を知らないことか。

どれだけの人間がそれをさっさと忘れてしまうか。

どれだけの人間がいま君をほめていながら、たちまち君を悪くいうようになるか。

記憶も、名声も、その他すべてが、いかに数えるに足らぬものであることか。（9-30）

遠からず君は何者でもなくなり、いずこにもいなくなることを考えよ。

すべては生来変化し、変形し、消滅すべくできている。

それは他のものが、次々に生まれ来るためである。（12-21）

人に知られているとか、人からほめられるとか　それは取るに足らないものだ

　ここでいわれていることは、『平家物語』に出てくる「諸行無常の響きあり」（すべてのものは移り変わる）のくだりと、共通するものがありますね。私たちには、なじみやすい考え方ではないでしょうか。

　どれだけ頑張って、いい仕事をしても、ほとんどの人がそれを忘れていく。それどころか、悪くいう人さえ出てくる。**自分の代わりになれる者はいない、と思っていても、自分がいなくなれば、実際は誰かがその席を、ちゃんと埋めていくのです。**

　世の中の栄枯盛衰を目の当たりにすると、人生ははかないものだ。自分の名前が知られても知られていなくとも、それが何だというのか。人の記憶も、名声もすべて消え去っていくもの。そうしたものを頼りにしても、虚しいだけだ、とマルクスは述懐しています。

　いま、ＳＮＳが全盛で、人と人のつながりが多方面に広がりました。

　一方で、承認欲求が高まりすぎて、「できるだけ多くの人に自分を知ってもらいたい」という思いが強くなってしまう。自分があまり知られていないと、「誰も自分のことなんか見てく

れない」と、寂しさに襲われるのですね。

実は私も２０２３年の5月から、Ｘ（旧Ｔｗｉｔｔｅｒ）を始めてみました。ところが、恐るべきことに、全然フォロワー数が伸びないのです。ほんの数十人しかいない。

いくらなんでも寂しいから、大学で「Ｘしてる人は、ちょっと見てみてね」と宣伝したら、フォロワーの半分以上が自分の学生になってしまった。「こんなに知られていないんだ」と驚いたものです。一方では、閲覧が何十万人の人もいる。ちょっと自尊心が傷つきますよね。

でも、**「自分の考えを発信している、何か表現できている」ことで、自分が充足できるなら、見る人が何人だろうと、実はあまり関係ありません。**

大勢の人が自分を知っているわけでもないし、評価してくれるわけでもない。「いいね」がほとんど押されないツイートも、私はしています。人を絶対に誹謗《ひぼう》中傷しません。人物や著作をほめたり、何かを評価したり勧めたり、といった内容ばかりです。

「いいね」が少なくとも、あまり気にしない。「自分が表現したい」という心持ちが大切なのだと、このマルクスの文章を読んで、自分自身、思い直しています。

人はやがて消えていく　それは、次にやって来る人のためだ

芸能界は非常に潮の流れが速いところです。大人気のスターだった人でも、気がつくと、もう目にしなくなっている。替えがたいキャラクターだと思っていても、番組から降板したとたん、別の人物がその席を埋めていきます。

一方で、大物がいなくなることで、他の人材が生まれ育ってくる可能性が開けます。消滅していくことにも、意味があるのですね。人間ひとり生きていれば、社会的にもスペースを取りますので、その人が亡くなったとき、そこに有用な空きができる。死は無駄には終わりません。

「役職定年」もこうした考え方です。役職の席は限られています。一定の人たちがずっと座っていたら、誰も部長や取締役になれません。かつては退職するまで役職に座っていたのですが、いまは役職定年というかたちで退き、次の人たちに、席を譲るようになってきました。

よく「○○天皇」といわれるような、絶対に退かない人たちがいますね。90歳を超えても居座って退かない。実際に能力も高いのでしょうけれども、やはり席は順次空けていくもの。順番があるのですね。そうして世の中が回っていくのです。

生と死と運命の考え方④

後回しにしてはいけないことがあることを理解する

あたかも一万年も生きるかのように行動するな。生きているうちに、それが可能なうちに、よき人となれ。(4-17)

はかなさは万物に共通である。それなのに君はまるで、ものがみな永久に存続するかのように、これを避けたり、追い求めたりするのだ。(10-34)

やらなければならない、と思ったことは先延ばしにすると、チャンスを失う

この項も、なかなか耳に痛いことが、述べられていますね。

「いつの日にか、やろう」と思って日々を過ごしているうちに、先延ばし、先延ばしとなって、ついにそのままやらずじまいになってしまうことが、よくあります。

いま難しい問題が起こっています。日本は未曽有の少子化状態になって、２０２２年に年間の出生数が80万人を切ったのです。以前は団塊ジュニアといわれた、１９７１年から74年に生まれた世代は、年間２００万人を超えていました。それが半数以下になってしまった。

こうした事態になると、相対的に高齢者の割合が高くなり、社会の活力が低下するなど、いろいろと影響が出てきます。最悪、国家としての存続が、難しいことにもなりかねません。

もちろん、子どもを産むのは、個人の人生の選択にかかわる問題ですので、ほかの人がとやかくいえることではないでしょう。ただ、不妊治療の医師の中には、「もっと早く、こうした傾向をつかんでいれば、打つ手があったのに」と、おっしゃる方もいます。

このように、ある限度を超さないように保つことが、必要とされる事柄については、しかる

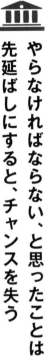

べき時期に、行動を起こしておかないと、あとで厳しくなってきてしまいます。

もっと個人的なことでは、私自身こんな経験があります。イタリアを訪れたときに、ローマを見物した後、フィレンツェ、ヴェネチアを回ろうと思っていました。ところが、ポンペイの遺跡を優先させて、ナポリ方面へ行ってしまった。それはそれでよかったのですが、結局フィレンツェやヴェネチアは見ずに帰ってきました。

「またすぐ来ればいいや」と、そのとき20代の私は思っていました。ところが、それから30年あまりは、旅行に出かけるチャンスが、なかなかできなかった。ようやく60歳を超えて、取り戻すことができたのです。

人生はそう長くは続かない
いま、できることをやっておこう

10-34では、物事が永久に存在するものであるかのように、避けたり追い求めたりするのは、おかしい。「万事ははかないもので、自分もすぐに消えてしまう。できるときを逃さず、行動しなければいけない」と諭しています。いまのような状態が、ずっと続くとは限らないから、

今じゃなければできないことがある

いまを精一杯生きておくのです。

メジャーリーグの大谷《おおたに》翔平《しょうへい》選手の活躍ぶりを見ていると、「こんな素晴らしい選手は、もう今後出てこないかもしれない」と思えてきます。同じ時代に生きて、あのプレイを見ることができる。これは幸せなことで、ぜったい見逃したくない。そういう気持ちになります。

美術でも、音楽でも同じですね。自分が生きている間に実物の名画を見ておきたい、優れた名演奏を聴いておきたい。そうした思いがあると、生きる意欲にもつながってきます。

人生ははかない。それでも、いや、だからこそ、いまできることはやっておこう、一生懸命に生きていこう、と考えるのですね。

過去や未来よりも、重要なのは現在

どんな苦労が、どれほど待っているだろうか、と推測するな。
それよりも現在のことについて自己に問うてみよ。
君の重荷となるのは未来でもなく、過去でもなく、常に現在である。（8-36）

自分の義務を果たすときに、寒かろうと暑かろうと意に介するな。
人から悪くいわれようとほめられようと、まさに死に瀕していようとかまうな。
死ぬこともまた人生の行為のひとつである。
そのときにも「現在していることをよくやること」で十分だ。（6-2）

過去を悔やんだり、将来を心配するより現在をこそ大切にして、生きていこう

現在のことに、過去や未来が浸食してきて、心の重荷となり、悩みとなっているのですね。「こんな事態になったのは、あのときあれをミスしたからだ」と、過去のことがのしかかってくる。もう考えても仕方がないのに、くよくよと思い悩んでしまう。

将来起こることについても、「この先どうなっていくんだろう、もっとひどくなってくるんだろうか。こんなことが何回も起きたらどうしよう」などと、事が起こる前に心配してしまう。取り越し苦労ですね。

過去への後悔や未来への不安は、すべて払拭したほうがよい。禅の修行でも、過去のことをあれこれ思い返して、「あー、あのときこうすればよかった」などと思って座禅をしても、それでは修行にはなりませんね。また「将来、僧侶として出世したいが、うまくいくだろうか」などと、千々に乱れた思いに苛まれては、座禅になりません。現在だけを生きる、というのが禅なのです。

現在を大切にし、いまを新鮮に生きるのは、とても大切なことです。

人にどう思われようとも、かまわない いまやるべきことに集中する

テニスの試合でも、ウィンブルドンなどの4大大会の場合、男子は3時間以上プレイすることがあります。そうした状況では、いま、この現在に集中しなければ、心が乱れてポイントをどんどん失ってしまいます。どんなハンデや失敗があっても、追い込まれてきても、それを振り切って、ひたすら戦わなければいけません。こうして、常にメンタルを保ち続けるのです。

この精神をかけたぶつかり合いでは、常に現在を生き続けなければいけない。そういう過酷な戦いの中で、研ぎ澄まされてくる魂というものがあります。

このように戦い抜く選手がいる一方で、失敗した自分自身に怒りを感じてしまい、自ら崩れていく選手もいます。ゴルフでも、ひとつまずいショットがあると、ダメージを受けて、次々におかしなプレイをしてしまうことがありますね。

マルクスの考え方が、こんなところにも生きています。試合も、ひとつの哲学的で倫理的な行為なのだ、と思ってみると、スポーツの長時間観戦も楽しくなってきます。

6-2の引用文にある、義務を果たすことについては、僧侶の光永圓道《みつながえんどう》さんの『千日回峰行

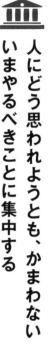

を生きる』（春秋社）という本に、こんなことが書いてあります。

「回峰行では、晴れの日と雨の日とどちらがいいですか」とよく聞かれるけれど、「どちらでも一緒です」と答えるそうです。「体調や精神状態がよくても悪くても、また雨が降ろうと雪が降ろうと、どんなときでも回らないといけない」のです。

ケガをしても、落ち込んでなどいられません。自分で行に入ると決めた以上、すべてを受け入れる。修行者の方は覚悟が強いのですね。それが自分への自信につながっていくのです。

また「ほめられようと悪く言われようと、かまわない」と考えるしかないときもあります。

私はフジテレビ系の「全力！脱力タイムズ」という番組に出ています。そこでは「瑛人《えいと》の『香水』を歌ってほしい」とか、「DISH//《ディッシュ》の『猫』を歌ってほしい」と要望されたりします。

よく知らない曲なのですけれど、これはやるしかない。もう義務。下手でも私が歌わないと、全体のコントが動いていかないわけですね。そうなると、悪く言われようが、まったく気になりません。

現在やるべきことに集中して、迷いなくやりおおせる。よけいなことは考えませんから、実はかえって気が楽になる面もあるのですね。**何にせよ、やるべきことであれば、さっさとやってしまうと、気持ちよくなります。**

運命は、積極的に考えたうえで受け入れる

各人に起こることは、運命にかなったものとして定められている。なぜなら物事が「回り合わせる」のは、ちょうど壁やピラミッドの中の四角い石が、互いに調和して一種の統一を形作るのを、「はまり合う」と大工たちが言うのと同じだから。（5－8）

人びとは「運命がこのことをあの人にもたらした」という。ではそれを受け入れようではないか。実際、その中には苦いものも多い。しかし健康になる希望をもって我々は、これを歓迎する。（5－8）

私たちに起きることは、運命にかなっためぐり合わせで、互いに関連し合っている

マルクスのいう「運命」とは、宇宙を支配する法則である「自然」がもたらすもので、必然的に訪れるものだ、と考えられています。世界も自分も、この「運命」の必然的なめぐり合わせからは、逃れられないことになります。

そうした運命にかなった回り合わせを、「ピラミッドを構成するひとつひとつの石が、互いにうまく収まり合って、調和していること」にたとえています。これはイメージしやすい比喩ですね。

そして、運命が避けられないものであれば、「積極的にこれを受け入れて、むしろ心を健康に保とう」と勧めています。

人生で起こることは、いろいろ良し悪しはありますが、それが全部めぐりめぐって、互いにはまり合っている。こう考えると、中国の故事にある「人間万事塞翁が馬」のように、何が幸いとなり、何が不幸となるかは、予測できないことにもなりますね。

運命に対して、心を開いて受け入れると心安らかに生きていくことができる

大学の、20人ほどの少人数の授業で、「みなさん、自分の中で理論みたいなものをもっていますか?」といった質問をしてみました。

ある学生は、「自分は〝ビッグバン理論〟をもっています。何が起こっても、すべてビッグバンのときに決定してしまっているので、何が起ころうが、もうしょうがないと思うのです。そうすると、むしろ気楽なんですね」と答えました。

すると「その考え方、スゴイいいですね」と応じて、〝ビッグバン理論〟を歓迎する学生が出たのです。確かに、これはおもしろい考え方で、いま自分や他人がしていることはすべて、その前をたどっていくと、ビッグバンに行き着いてしまうのですね。

「すべて運命なのだ」となると消極的なようですが、そうした認識をもつと、運命を受け入れるメンタルが形成されます。**運命に対して心を開くと、心持ちも安らかになるのですね。**

これは運命とのつきあい方、といえるでしょう。信じすぎる必要もありませんが、それが運命だと思えば、それはそれで生きていくことになる。

運命の流れに逆らわない

昔の「お見合い」にも、そうしたところがあったように思います。「これもひとつの縁だ」と、人生が割と早めに展開していく。

「縁」も、ひとつの運命の考え方だと思います。**仏教では「因縁」という言葉がります。物事には必ずその原因があり、それが連鎖し関連し合っている、という考え方です。**そうなると、「ピラミッドの石が、互いにはまり合っている」というイメージにも、とても味わい深いものが感じられてきます。

お互いにそれぞれの運命に従って、人生を送っているのだ。そう納得してみると、日々生きていくにも、肩の荷が下りるような気がしますね。

コラム　内なる理性を自覚して、真実に生きるための哲学

ストア哲学は、前3世紀から2世紀にかけて500年以上、ギリシャ、ローマで大きな影響力をもった哲学の学派です。創始者はキプロス島出身のゼノンで、その後、ローマ皇帝のネロを教えたセネカや、奴隷の身分であったエピクテトス、そして、ローマ皇帝マルクス・アウレリウス・アントニヌスなどが、この学派の中心人物となります。マルクスはとくにエピクテトスから大きな影響を受けました

なぜ「ストア」と呼ばれるかというと、それは開祖のゼノンが、アゴラ（広場）にあった会堂「彩色柱廊（ストア・ポイキレ）」で教えたため、以後この学派を「ストア派」（柱廊の人びと）と呼ぶようになったからです。

ストア哲学では「自然に従って生きる」ことを、最も大切で根本的な生き方と考えます。この「自然」とは「宇宙全体を支配する法則」であり、それは「理性（ロゴス）」でもあります。そして「自然」が万物を創造し、コントロールする。その意味では、「神」とも呼ばれます。宇宙全体は、自然＝神によって動いているわけです。

万物を統率する自然は、すべてのものに「気息（プネウマ）」として分け与えられています。そうしてすべてを理性的・合理的に調和させていき、宇宙はまるで生き物のように、秩序をもって動いていく、と考えるのです。

宇宙の一部分である人間に、分かち与えられた気息は、「指導理性」となって、人間の魂を形作ります。この内なる理性は、宇宙を統率する「自然」と同じ原理で動きますから、「自然に従って生きる」ことが、生き方の根本姿勢となるわけです。こうして人びとはみな同胞であり、互いに協力し合って生きていくのです。

自分の内なる理性と対話を重ねることによって、人はどの道を歩んだらよいか、自分の進路を定めていきます。また、何が真実であるのかも、内なる理性に従って、物事をよく観察・分析し見極めることによって、得られるのです。

つまり、ストア哲学とは「人生をどう生きたらよいか」を最も重視する、実践的、行動的な哲学といえるでしょう。生きる指針を求める哲学となっているのですね。

ストア哲学は、初期のキリスト教や、デカルト、スピノザ、カント、ヒルティなど、後世の哲学に大きな影響を与えました。そして、いまに残り伝えられてきた、マルクスの『自省録』によって、私たちの人生の支え、よき相談役になってくれているのです。

第2章

自分と自分の周りを幸せにする方法

他者と生きる／社会の中の自分／仕事をするときに

他者と生きる①

人間とは、協力して生きるもの

私は同胞を怒ることも、憎むこともできない。

なぜなら私たちは、協力するために生まれついているからで、それは両足や両手、両瞼《まぶた》や上下の歯並びの場合と同じである。それゆえに、互いに邪魔し合うのは自然に反する。

人に腹を立てて毛嫌いするのはつまり、互いに邪魔し合うことなのだ。（2-1）

隣の枝から切り離された枝は、樹全体からも切り離されずにはいられない。

同じように、隣人から離反した人間は、社会全体から落伍したのである。（11-8）

人間は、お互いに協力し合うよう生まれついている 邪魔し合っているのは、自然に反することだ

この項では「他者と生きる」ということについて、考えてみましょう。

両方の手足や、両目や、上下の歯並びと同じように、人間も互いに協力して、事をなすように生まれついているのですね。それなのに、相手を毛嫌いするのは、お互いに邪魔し合うことになってしまう。それでは、手足や目が、その機能を失うのと同じことになります。

また、隣の枝から切り離された枝は、樹木全体から切り離されたことになります。人間の場合では、隣人を憎み嫌うことによって、社会から自らを切り離してしまう結果となるのです。

当然のことですが、人はほかの人たちと一緒に生きています。人間は物質的にも精神的にも、社会という人間関係に頼って生きている。そうした認識が希薄になって、**自分のことばかりが大事になると、他者を憎むようにもなってきてしまいます。**

両手両足のように、お互いに協力し合って生きていくのが人間。この大前提から離れてしまうと、「自分ひとりで生きられるのだ」という、傲慢な気持ちに取りつかれてしまいます。では、山中にこもるなどして、完全にひとりで暮らせるのかといえば、これはまず不可能ですね。

社会から完全に切り離されてしまうと、人は生きていきにくい。ですから、社会全体を憎んでいくと、自分自身を追い込むことになります。そして閉じこもってしまったり、逆に暴力的になって復讐を企むようなことにも、なってしまいます。

「社会という樹木から切り離されてしまった枝」は、とても生きてはいけない。マルクスは、効果的なたとえを使うのがたいへん得意です。明確なイメージとして、私たちの心の中に残りますね。

人は人を毛嫌いしてはいけない
生きていく基本は、互いに世話をし合うこと

人はお互いに邪魔し合ってはいけません。**福沢諭吉は『学問のすすめ』の最後を、「人にして人を毛嫌ひするなかれ」という名言で結んでいます。**

人間に生まれたのだから、人間を嫌うのはそもそもおかしい。よく知りもしないで、ほかの人を嫌ったり、人間全般を嫌ったりするのはやめよう、人は鬼でも蛇でもないのだから。縁あって自分が世話をした人が、またどこかで、自分の世話をしてくれるかもしれない、という

切り離された枝は生きていけない

のです。

このように、人は互いに助け合うのが、自然にかなうことなのですね。

たとえば、神輿《みこし》を担ぐとき、自分だけ手を抜いてラクをしよう、と思うような人は、まずいないでしょう。神輿はみんなで担ぐからおもしろい。

力を出し合って重いものを担いでいるときは、辛いけれどユカイですよね。神輿を担いでみんなで汗をかく。これは協力することの原型だと思います。

田植えの場合も同じです。お互いにほかの人の田んぼを手伝い合っていく。それが生きていくことの基本的な姿なのですね。

どうせなら、ポジティブな批判を

水兵たちが舵手の悪口を言い、病人たちが医者の悪口を言ったとしても、それは舵手や医者が、どうしたら乗組員の安全を、また患者たちの健康をもたらすことができるか、という心づかいにほかならない。（6-55）

誰それが君のことをひどく悪く言っている、と人に告げられた。これはたしかに告げられた。しかし、君が損害を受けた、とは告げられなかった。（8-49）

悪口は、かならずしも悪口ではない　役に立つ有用なものもある

悪口を言われたら、どうしたらよいでしょうか。

ひとつは、悪口のポジティブな面を考えてみることです。引用文のように、全体にプラスになるためのものなら、それは実は批判なのであって、有用な悪口なのですね。

社会にとって、その安全や健康を保つために必要な、悪口のかたちをとった批評、評価があります。たとえばある会社が、非常に杜撰なビジネスのやり方をしている。すると、インターネット上に「あの会社でこんな損害を受けてしまった」「この会社の商品は、このようにいい加減なものだ」といった、悪口の書き込みが載ります。

それが事実であれば、みんなが警戒して、会社も反省をするなど、全体の利益にもつながっていきます。**悪口も役に立つことがあるのです。**

しかし、主観的で手前勝手な評価をしたり、必要以上に悪口を重ねてしまうと、今度は誹謗中傷になってしまいます。そうすると、その人が罰せられるという時代になりました。事実のみを報告する、正当な批判ならば、問題はありませんね。

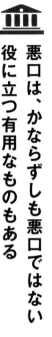

批判には、できる範囲でオープンな心で対してみよう

二つめは、悪口を言われたとしても、それは単に「言われた」だけであって、それによって自分が損害を受けたわけではない、と認識することです。「悪口を言いたい人には言わせておこう」という心持ちになれば、損害を受けることはありません。

こうしたポジティブな考え方ができる方は、実際にいるのです。プロ野球元ロッテの里崎《さとざき》智也《ともや》さんは、ＹｏｕＴｕｂｅで非常に成功されています。私は、ある機会に「批判的なことや、悪口などを投稿する人もいると思いますが、大丈夫なのですか」と、彼に尋ねたことがあります。

すると「まったく大丈夫です。悪口を言う人がいてくれたほうが、かえって盛り上がるんですよ。意見はいろいろあったほうが健全ですね」と答えてくださいました。このように考えられるのは、ほんとうにオープンな心をもった人だと思います。

インターネットで情報を調べたり、配信をチェックする場合には問題ありませんが、ＳＮＳ上で言われた意見によって、傷ついてしまうようであれば、そこからは距離を置くのが、自分

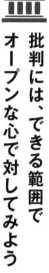

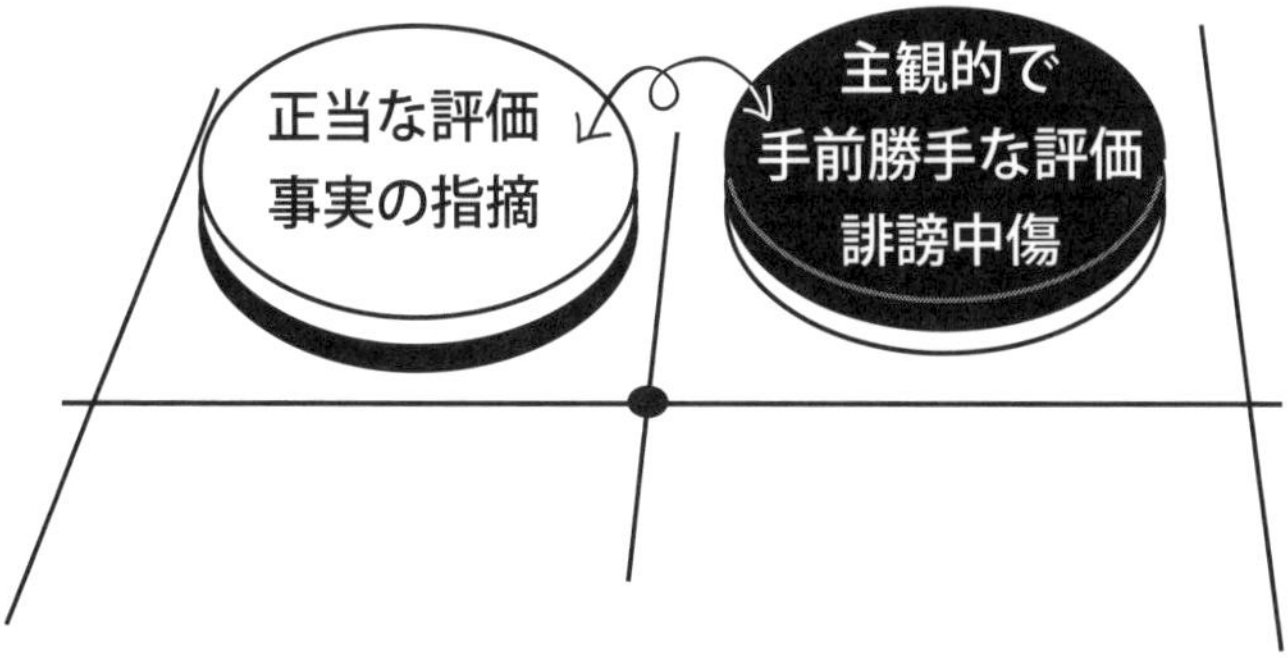

「批判」には 2 つの面がある

の魂の安全確保にもなるでしょう。

自分に対するネガティブな意見に対して、どれほど耐えられるのか。これは、どこか酒量と似ていないでしょうか。

お酒がまったく飲めない人は、ワイン1杯でもグラグラになってしまいます。なんにしても、自分の酒量を知っておくのが、大事なことです。

同様に「否定的なコメントに対して、どれほど自分のメンタルがもつのか」、そうした〝悪口量〟は、人によって違うわけです。そこを見極めて、少量の人はネット上でも、自分の間口を少し狭くしてみるのが、有効な方法かと思います。ちなみに私は、耐えられる悪口量は少量です。

他者と生きる③

他者の過ちを受け入れることの利点

腹を立てて、自分に無礼を働いた人びとに対しては、和解的な態度をとり、彼らが過ちを正そうとするときには、ためらわず寛大に受け入れること。（1-7）

君は迷える者をさとして、心得を改めさせることができる。
なぜなら、すべて過ちを犯す者は、自分の目標を逸れて、迷い出た人間なのだから。
（9-42）

人が過ちを犯したり、無礼を働いても寛大な心で、余裕をもって受け入れよう

過ちに対しては寛大になろう。過ちを犯した人は、目標を逸れて迷っていた人なので、寛大になり、和解的な態度で接しよう、ということですね。**無礼なことをしてきた人に対しても、寛大な態度を取るのは、結果としては、自分のためにもなると思うのです。**

マルクスのもとにいたアウディウス・カッシウスという武将が、謀反《むほん》を起こしたことがありました。「皇帝は死んだ」と周囲にいいふらし、自分が皇帝になろうとしたのです。しかし、それが嘘だとわかったとき、カッシウスは部下に殺されてしまいました。

それを知ったマルクスは、「自分が会って、よく話し合おうと思っていたのに」と、たいへん残念がったといいます。目標を逸れて迷った者を、元の道へ戻そうとしたのでしょう。残された彼の家族や賛同者にも、非常に寛大な対応をしたそうです。マルクスの哲学は、頭の中だけでなく、実際の行いによってしっかり示されていたのです。

こちらが無礼な目にあったとき、「売り言葉に買い言葉」といったかたちで事を大きくしてしまうと、最後には裁判をするしかないことにもなります。それは最も敵対的な態度ですね。

そこで私の場合は、一度はそうした最終的な覚悟をしておくのです。すると戦う心がまえができ、自分がしゃんとしてきます。しかし実際には、訴訟にもち込めば、より面倒が大きくなるだけ。「ここはひとまず、和解するのがベストだろう」と、思い直すのです。

相手に対して寛大な気持ちをもって、こだわらずに穏やかにやっていこうと、自分の心をちょっと揺り戻す。こうすると、心に余裕をもって対処できることにもなり、よい落としどころが見えてくるのでは、と思います。とりあえず、深呼吸してみるのがおすすめです。

間違いや過ちを犯すことと公的なルールの違反とは、違うものだ

「過ちを犯す」、これはごくふつうに起こることです。自分自身も、どこかで過ちを犯すことからは免れませんね。ですから、**お互いにある程度寛容になると、スムーズな関係を保つことができます。**

私は教員ですので、学生に課した提出物が遅れたりしたときには、当人の話を聞いて、やむを得ない事情ならば、救済することがあります。厳罰に処すという態度一点張りですと、教育

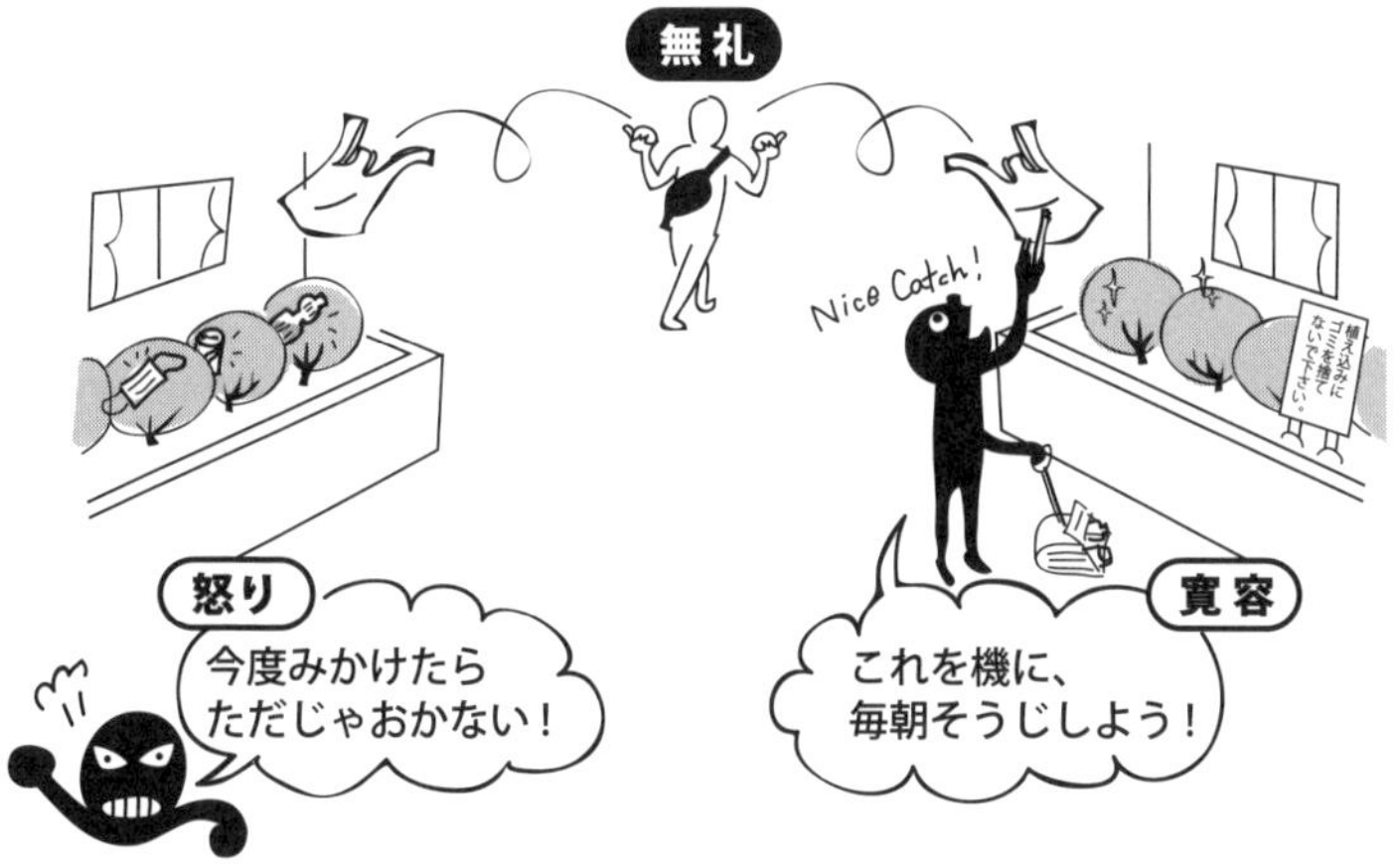
無礼
Nice Catch!
植え込みにゴミを捨てないで下さい。
怒り
今度みかけたら
ただじゃおかない！
寛容
これを機に、
毎朝そうじしよう！

あなたの理性はどちらを選ぶか

というものは、難しいところがあります。

一方で、たとえば卒論の提出が1時間遅れた学生を、オーケーにしてあげると、2時間遅れた人はどうするか。あるいは30分遅れまではセーフとすると、35分の人はどうする、といった面倒な問題が生じてしまいます。

こうした場合、教員間でいろいろ話し合った結果、やはり時間ぴったりで区切るしかない、という結論になりました。個人的な事情や、関係者の人情に関わるようなことではなく、これは「公的なルールは守る」という問題だ、と考えられるからです。

他者と生きる④

「最高の復讐」とは？

最もよい復讐の方法は、自分まで同じような行為をしないことだ。（6-6）

もしある人が、私の考えや行動が間違っていると証明し、納得させてくれるならば、私は喜んでそれらを正そう。

なぜなら私は真理を求めているからで、真理によって損害を受けた人間のあったためしはない。

むしろ、自分の誤りと無知に留まる者こそ、損害をこうむるのである。（6-21）

相手と同じ土俵には立たない　それが最も有効な〝お返し〟となる

「最もよい復讐の方法は、自分まで同じような行為をしないことだ」――これは逆説的で、とても含蓄のある表現だと思います。

「やられたら、やり返さなければ」といった考え方をしていると、自分のほうもきつくなってきます。相手がイジワルをしてきた、悪口を言ってきた、でも自分はそうしない、というのが、実は最もよいお返しとなるのですね。

悪口を言われたら、即自分も悪口を言い返す。こうした反応をすると、火に油を注ぐことになって、たいへん始末の悪い結果を、招くようにもなってしまいます。

理不尽なことをされた場合には、「争っているポイントがずれているな」と思って、相手とは同じ土俵に立たないことが肝心です。「なるほど、そのとおりですね」などと受け流して、距離を取りましょう。**渦の中に巻き込まれず、いまの事態から自分の身を離すことです。**

そうすると、「あんな口ゲンカなんか、しなきゃよかった」といった自己嫌悪にも陥らなくてすみます。自分をわずらわしい状況から、救い上げることができるのです。相手もそれ以上、突っ込んできにくくなる。結果、「最もよい復讐」となるわけですね。

「相手と同じ土俵には立たない」と決めていれば、相手の存在を、できるだけ小さくしていくことができます。

法的な対応が必要な場合には、冷静に事実関係を押さえ、文章をよく練り上げて、丁寧な口調で返答することが大切です。一時の気の荒立ちに任せて、感情的な言葉で応酬すると、それがまた引き金になって、相手の攻撃性を誘発してしまいます。

このマルクスの逆説は、日常の心がまえとして、とても役に立つ名言だと思います。心に刻みつけておくと、強い味方となるでしょう。

間違いを指摘されるのは損害ではなく、ありがたいことだ

自分の考えや行動が、明らかに間違っている、と納得させてくれるような意見をされると、それはとてもありがたいことですね。

「過ちて改めざる。是《これ》を過ちという」（過っても改めないのを、過ちという）と、孔子も『論

相手の存在を小さくする

語』で語っています。また「過ちては改むるに憚《はばか》ること勿《なか》れ」（過ちを冒したら、改めるのにためらうことはない）ともいっています。

　孔子は、自分のちょっとしたミスを指摘されたとき、「丘《きゅう》や幸いなり、苟《いやし》くも過ちあらば、人必ずこれを知らしむ」といいました（「丘」とは孔子の実名）。「私が過ちを犯したら、人はそれを必ず指摘してくれる。それは幸いなことだ」というのですね。

　真理であれば、それは誰からいわれたとしても真理なわけで、自分にとってよいことですね。誤りや無知こそが、自分を損なうことになるのです。正しいこと、ほんとうのことを指摘されるのは、むしろ損害を防いでくれるわけで、ありがたいことです。

他者と生きる⑤

100パーセントの〝親切〟

人によくしてあげたとき、それ以上の何を君は望むのか。その報酬を求めるのか。それは、見るからといって目が、また歩くからといって足が、報いを要求するのと少しも変わりない。（9‐42）

親切というものは、それが真摯であり、嘲笑やお芝居でないときには、無敵である。（11‐18）

見返りを求めない親切は人と人のつながりを豊かにしてくれる

人に親切にしてあげたとき、報酬などを求めるでしょうか。電車でお年寄りに席を譲ったことで、報酬を求める人はいませんね。また、転んでしまった小さな子どもを抱き起こしてあげる。こうしたことに、誰も見返りを求める人はいません。私は先日、財布を落としてしまったのですが、拾った方がすぐに警察に届けてくれました。名前も言わなかったとのことでした。

人に親切にすることは、「ギブアンドテイク」の関係ではありません。得るものがあるから与えるのではないのです。それは目がものを見たり、足が歩いたりするときに、報酬を求めないのと、まったく同じことです。

ここも、マルクス特有の、なるほどと思わせる比喩ですね。少しユーモラスなところもあります。目や足の動作と同じで、**人がする親切も、内なる自然の働きによるもの。親切は、人間の本来の務めを果たすことに、ほかならないのですね。**

私が教えている学生の中に、「100パーセントの善意」を、クラスの年度のスローガンにした人たちがいました。そして「1学年下の人たち全員に、プレゼントを渡す」といった善意の実践をしたのです。結果、それが次の学年にも受け継がれていき、その後10年以上、学年を超えた伝統となって、学生どうしのつながりもできてきました。

見返りを求めない親切は、こんなにも人の関係を密にする、ということを目の当たりにして、私は感心しました。ちょっと踏み込んで、親切にしてくれる人がいると、状況はずいぶん変わってくるのです。

みんなが、ちょっとずつ親切にし合うととても居心地のいい社会になる

たとえば「バーベキューパーティをしよう」となると、幹事の人はその手当がけっこうたいへんですね。幹事のなり手がいないと開催できません。一方、「バーベキューをこの場所でやりたいのですが、参加する人いませんか」と、率先して音頭をとる人もよく出てくれます。見返りはありませんが、みんなが喜んでくれる、それで満足なのです。

また、授業の中でグループで動画を撮って、いざそれを編集する段階になると、ひとりの作業となることが多い。担当した人には、それだけ負担がかかってきます。でも、編集して仕上

げた動画を発表すると、みんながすごく喜んでくれる。それが嬉しくて、今度はその動画編集にはまっていく、といったこともあります。

もし見返りがあるとすれば、それは人の喜んでくれる姿や、感謝の笑顔なのですね。金銭的な報酬とは違って、人と人をつないでくれる温かいものが、そこにはあるのだと思います。

さらには、「ありがとう」と感謝されなくてもかまわない。駅前で自転車が倒れていたら、起こしておく。ペットボトルが電車内に転がっていれば、さっさと拾って、降りた駅で捨てる。そうした行動や作業ができるよう、自分がセッティングされているとよいのですね。

みんながちょっとずつ親切にする、体が自然に動いてしまう。お互いにそうしたことが意識しなくてもできる関係になっていると、とても居心地のいい社会になると思います。

「親切とは、真摯な行為であって、本心から出た行いである」。これがポイントです。装った行為ではない親切は、無敵となるのです。**ふつうに親切な行いができる、そうした生き方をしている人には、あまり敵がいないでしょう。その人自身が無敵なのです。**

世の中には「よくここまでしてくれるな」と思うような、ほんとうに親切な人がいるものです。そういう人に出会って、親切というものを味わい、その人に感謝するだけでも、ずいぶんと心が和らいできます。

他者と生きる⑥

悪意をもって接する人間に、怒りを見せてはいけない

君の邪魔をしたり、いやがらせをしようとする人たちに対して、柔和であるように。なぜならば、彼らに対して腹を立てるのは、尻込みして行動をせず、恐怖のあまり降参してしまうのと同じく、ひとつの弱さである。（11-9）

他人の厚顔無恥に腹の立つときは、ただちに自分に問うてみよ。「恥知らずの人間が存在しない世の中がありえるか」と。ありえない。それならばありえぬことを求めるな。（9-42）

すぐに腹を立ててはいけない それは弱さの表れである

『忠臣蔵』の物語は、芝居や映画で皆さんよくご存じでしょう。吉良上野介《きらこうずけのすけ》に意地悪をされた浅野内匠頭《あさのたくみのかみ》が、ついに堪忍袋の緒が切れ、殿中《でんちゅう》で刀を抜いてしまいます。

殿中、つまり将軍の居城で刀を抜くのは、絶対に許されないことで、内匠頭は切腹を申し付けられます。そこで、主君の果たせなかった恨みをはらそうと、浅野家の家臣たち四十七士が、吉良邸に討ち入りをかけるという話です。

この話をよく考えてみると、浅野内匠頭は、実は短気すぎたのかもしれませんね。腹を立ててかっとなった結果、大勢の配下が死んでしまった。**美談として人気のある話ですが、すぐに腹を立ててしまうのは、やはりひとつの弱さではないでしょうか**（怒りが弱さであることについては、160ページ11‐18もあわせてご覧ください）。

殿中で刀を抜いてはいけない、という鉄則がある。武士が武士の名誉を大事にするのは、もっともなことです。だからといって、このルールを破ってしまうのは、武士としての自制心がないともいえますね。

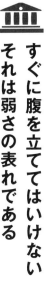

福沢諭吉は『学問のすすめ』の中で、時の政府に訴えるという法的な処置をとらずに、私怨をはらすような行為は、無法の世の中を招くので、「大なる間違いならずや」と、赤穂浪士を批判しています。

腹が立ったら、まずは一呼吸入れて柔和な態度で相手に接すること

それでは、腹が立つのを、どのようにして収めたらよいでしょうか。

日本では、古くから「臍下丹田《せいかたんでん》を意識せよ」という知恵が伝えられています。へそ（臍）の下あたりを「丹田」と呼び、ここに意識を集中すると、呼吸がゆったりして、気が上がって頭に来るのを収めることができます。呼吸ひとつで、瞬間的な腹立ちを逃がすのですね。

こうして一時の腹立ちを逃がしたうえで、相手のしたことは、コンプライアンス（社会規範）としてはOKだろうか、と問題を整理してみるのです。コンプライアンス違反だと判断できれば、ハラスメント委員会に訴える、などといった手続きを取ればよいのです。

メールのやりとりでも、興奮して腹立ち紛れに、怒りの返信をしてしまう、といったケース

腹が立ったら、

① 臍下丹田に意識を集中

② 鼻から空気を吸う

③ ゆっくり数をかぞえながら
口から息をはく

④ 落ち着いたら、
問題を整理して考えてみる

立つ腹を、立たないようにおさえるための齋藤メソッド

も怖いですね。いい返した文面がひどすぎると、今度はそちらが問題になってしまいます。

「世の中に、恥知らずの人間が存在しないことは、ありえない」と、マルクスは断じています。**もしかしたら、自分が他人にとって、厚顔無恥の人間になっている場合も、あるかもしれません。**腹を立てずに、柔和な態度で、相手に接するよう努めましょう。

「相手に対して柔和である」ことは、相手と直接に敵対せず、別の形で嫌がらせを止めさせる方法でもあります。

組織と個人が対立する場合は、個人のほうがどうしても弱い。その場合は、弁護士など法的な代理人を立てて間接的に対応し、自分のメンタルを守ることができます。

マメな人ほど幸せになれる

利益を受けることに飽きる人はいない。

利益は自然にかなった行為なのだから、人を益することは、自分の身をも益することになる。飽きずにそれを続けよう。(7-74)

「私は暇がない」と、しげしげと、必要もないのに、人に言ったり、手紙に書いたりしないこと。

また急用を口実に、隣人関係のもたらす義務を、いつも避けたりしないこと。(1-12)

人の利益になることは実は、自分の利益になることだ

人によいことをされて、利益があったときは嬉しいものですね。自然に即し、道理に従って行動することは、理性に従う秩序立った行為です。自然の法則にかなっています。そうした行為こそが、人に利益を与えるのです。

そして、そのことを通して、今度は自分が利益を得るのですね。人と人はつながっているので、自然の理に従って、人に対してよくすることが、自分にも回ってくるのです。

また、自分の行いではなくとも、他人が益を得たことを、自分の喜びとするのが、理にかなったことなのです。

「情けは人のためならず」ということわざがありますが、情けも利益も回っている人ですね。人に情けをかけることを、出し惜しみしてはいけません。

ちょっとしたことでも、自分にとって余裕のあることで、人を益すればよいのです。私の周りには、「少し時間が空いたので、お仕事手伝いますよ」といってくれる同僚がいます。お返しに、こちらも時間が空いたら、声をかけてみるのです。

助けたほうも助けられたほうも、お互いに気持ちがよく、互いの関係性もよくなります。みんなが積極的に、義務を負い合うような空気ができてくるのですね。互いに義務から逃げてしまうのとは正反対で、とてもいい雰囲気なのです。

「忙しくて」とは、言わないようにして自分の器を大きくしよう

1-12では、「忙しいからとか、急用ができたといって、人との間に生じた義務を、怠ってしまうのはよくない」と注意しています。

「いまものすごく忙しくてね」と、つい言ってしまいますね。「忙しい、忙しい」が口癖になっていると、それで人を遠ざけてしまうのです。「暇がないんですよ」「どうも忙しさに紛れてしまって」などと、メールに書いてしまうのは、避けたほうがよいでしょう。

突然の急用は誰にでも起こりうるのですが、なるべくドタキャンはしない。それはクセになりますから。ダメなときは早めに連絡してあげましょう。また、ちょっと時間をやりくりすれば、「少し遅れますけど、必ず出席します」と、両方の顔を立てたりもできますね。

お手伝いしましょうか
情けは人のためならず
お手伝いしましょうか

人を益することに積極的になろう

「忙しいですか？」と聞かれたら、むしろ「いいえ、そうでもありませんよ」と答えるほうがいいのです。

そのほうが人と結びつきやすいし、そうして自分の余裕の幅を、少しずつ広げていくことも大事なことです。

このように、**日々の忙しさに対して免疫をつけていく。これは人がもつべき「社会性」のひとつかもしれません。**

用事が重なってきたら、ひとつひとつ、手際よく整理して、落ち着いて対処できるようにする。それは「人間の器の大きさ」ですから、器を大きくしていくようにしたいものですね。

社会の中の自分①

周りと仲良くすべきなのには、ちゃんとした理由がある

蜂の巣にとって有益でないことは、蜜蜂にとっても有益ではない。（6-54）

君の分として与えられた環境に、自分を調和させよ。
君の仲間として運命づけられた人間を愛せ。
ただし、心からそうするように。（6-39）

人間はひとりで生きているわけではない 自分のいる環境と、上手に調和していこう

たとえば自分が蜂だとしたら、「蜂」のためだけに、よいことを考えるのではなく、「蜂の巣」にとって、有益であるかどうかを考えなさい、ということですね。自分に与えられた環境である蜂の巣が攻撃されたら、蜂にとってもそれはマイナスです。

そして、「自分の環境に自分を調和させ、ともに生きていくよう運命づけられた仲間を、心から愛しなさい」と勧めています。環境に自分を調和させていく。これが生きることなのです。

もちろん、ブラック企業などコンプライアンス違反の、問題のある組織や個人に対しても合わせていく、ということではありません。

自分という個を超えてスケールを大きく考えて、この社会という環境に、自分を調和させていく。人間は自分ひとりで存在しているわけではなく、この世界と分かちがたいかたちで、存在しているのですから。

マルクスによれば、宇宙がもつ理性が、宇宙の一部である人間にも、分かち与えられています。人間それぞれが、理性をもつわけですから、その人間たちが形作っている社会全体にも、

理性があるはずですね。

こうした理性的な環境、理性的である社会、それに調和して生きよう。仲間として運命づけられた人間たちと、仲良く生きていこう、というメッセージです。

日々つきあっている仕事仲間にしても、気に入らない、気の合わない人もいるかもしれませんが、うまく調和してやっていきたいものです。

世界の建設に参加している それが人間の幸福である

『星の王子さま』で知られるフランスの作家、アントワーヌ・ド・サン＝テグジュペリは、**「自分のしていることが、世界の建設に参加していると感じるのが、人間なのだ」**と語っています（『人間の土地』）。自分ひとりで幸福になれるわけではなく、社会と自分との関係を良好に保つことが、結局は自分の幸せとなり、社会全体のためにもなるのです。

精神状態がよくないときには、社会に対して敵対し、憎むような気持ちになることがありますね。自分以外はみんな敵に見えてしまう。すると自分が孤立してしまい、社会に対して報復

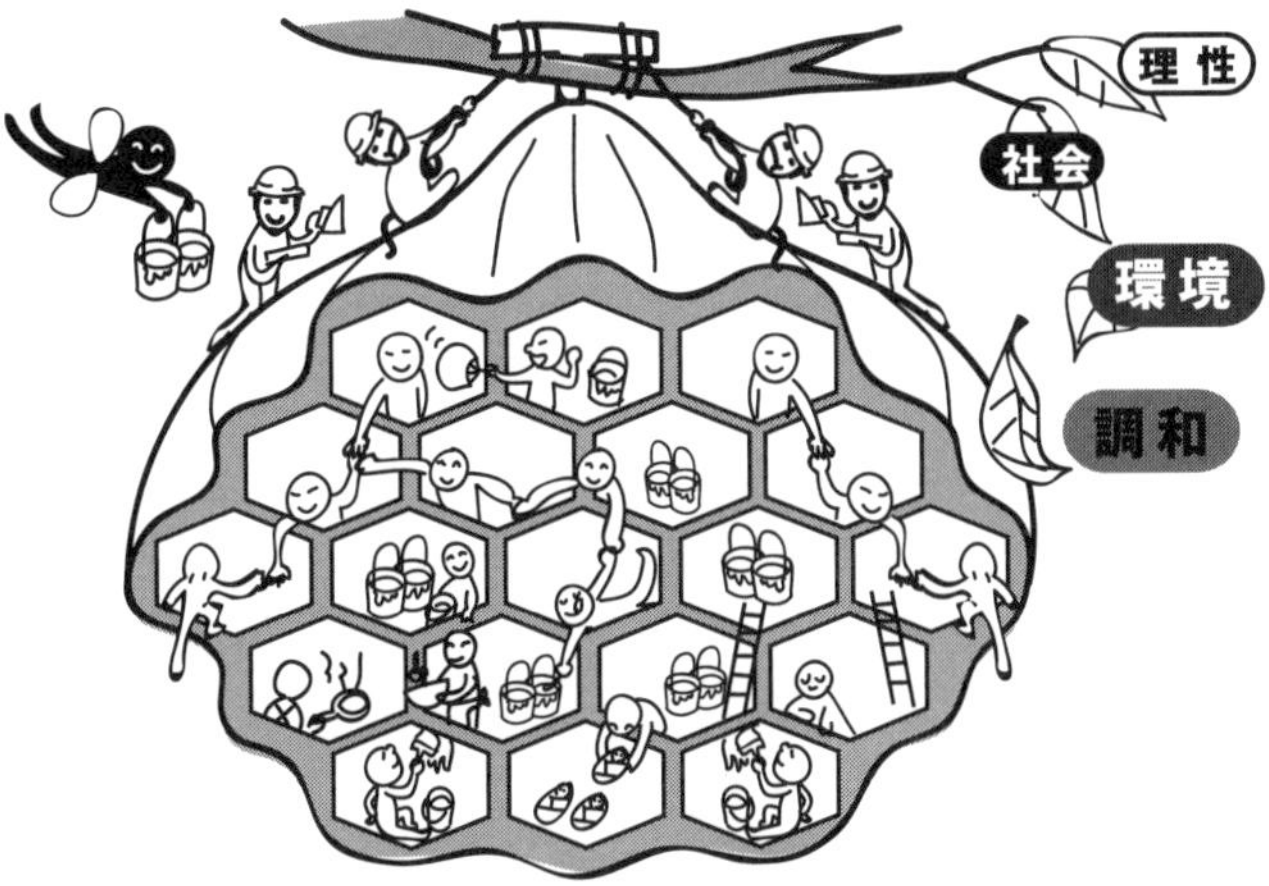

世界の建設に参加しよう

したい、あるいは無差別に誰かを攻撃したい、と心がカーブしていき、罪を犯してしまう人がいます。

社会や環境との関係を否定して、「自分は自分でやっていく」と主張するのは、この世界を支配する自然が、人間に要求していることではないのです。

そのような孤立した精神状態に入らないための基本的な考え方、それがこの〝蜂の巣思考〟なのです。

自分にとっての蜂の巣、いま自分が所属しているところで、周囲と一体感をもって生きていくことが肝要ですね。

社会の中の自分②

迷ったら、誰の意見をいちばん聞くべき？

公益を目的としない場合には、他人に関する思いで君の余生を浪費するな。「誰それは何をしているか」とか、「何をいい、何を考え、何を企んでいるか」とか。そうしたことが君を呆然とさせ、自己の内なる指導理性を、注意深く見守る妨げとなる。（3 - 4）

自分を誰よりも愛していながら、自分の意見より、他人の意見を重んじるのは、どういうわけだろう。（12 - 4）

人がどう思うかと気にするよりも自分はどう考えるかを大切に

人は自分のことを、どう思っているのだろうか、あまりよく思われていないんじゃないか、と気になる。こうした悩みは、私たちがしばしば、経験することではないでしょうか。

人間は社会的な動物ですから、ほかの人たちがどう思っているか、何をしようと考えているか、気になるのは、ある意味で当たり前のことでしょう。しかし、他人の思惑にあれこれ思いめぐらすことで、自分の人生を消耗してしまうのは、実にもったいない。

公共の利益を目的にした、パブリックな行動であれば、ほかの人がどう思い、どんな意見をもっているか、むしろ注意したほうがいいでしょう。しかし、プライヴェートな場合にも、人の視線や評価が気になってしまうと、ほかの仕事もやりにくくなります。それに、自分の中の理性を見守り、自分とじっくり向き合って、よく考えてみる機会をなくしてしまう。

自分に向き合うための手段としては、日記を書くことをお勧めします。文章を書いていると、自分の内面と、向き合うことができます。

「こんなことを考えたり、感じたりしているけれど、この言葉遣いで、それがピタッと言い表せているだろうか」と、言葉や表現を選びながら、文章を書いていくのです。

すると言葉がひとつのセンサー、あるいは鶴嘴《つるはし》のような役割をして、自分の心のかたちを探って、掘り起こしてくれるのですね。どこにほんとうの思いがあるのか、わからせてくれる。これは自分の内面との対話です。こうした時間をしっかりもつと、自分が何をしたいのか、何をしたらよいのか、見えてくると思います。

自分の内なる理性と相談して道理にかなった意見をもとう

地球という環境は、実にさまざまなものが調和して、合理的にできています。

たとえばミツバチがいなくなると、自然環境のバランスがくずれて、農業がダメージを受ける。また、これだけの樹木や草があるために、人間も生存可能である、などと、地球上のすべてが、互いに合理的にうまく組み合わされて、私たちの環境を形成しているわけです。

このような世界全体、宇宙を創り出して構成し、コントロールしている存在、それをストア哲学では「神」と呼んでいます。**神は、実は「理性」そのものでもあり、「自然」でもあるの**

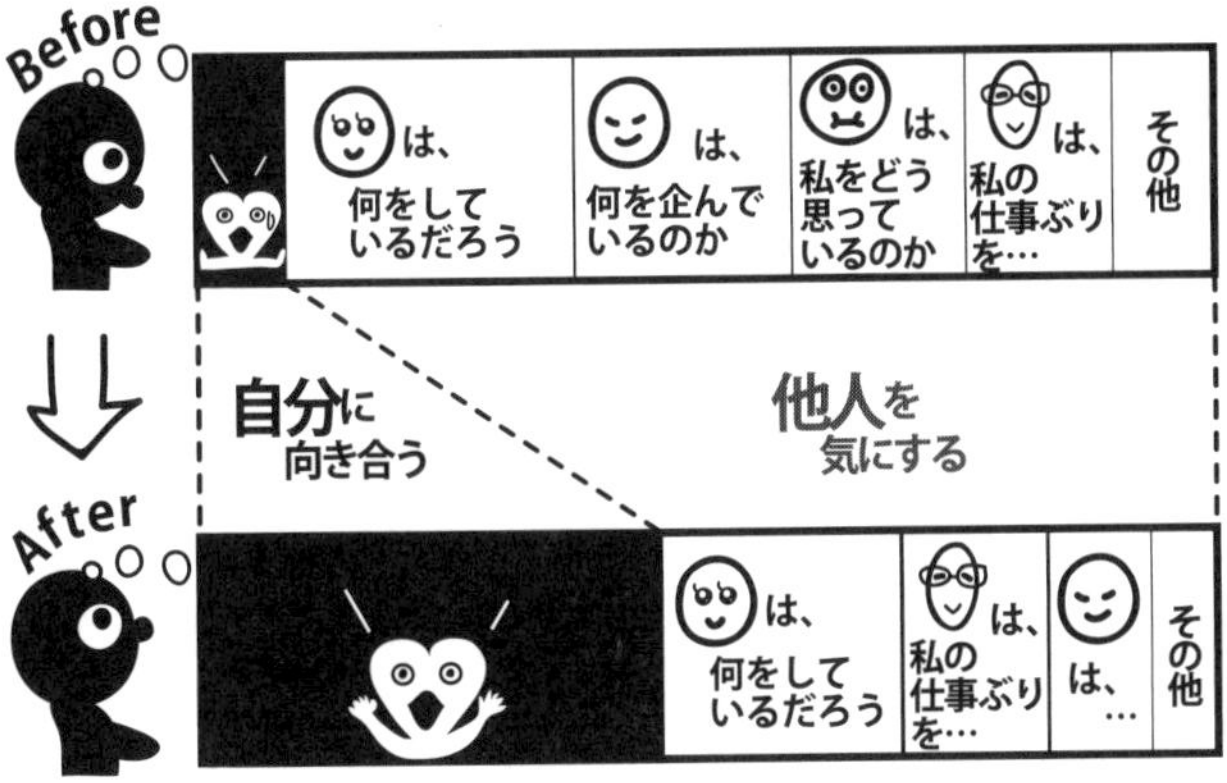

自分に関することに頭を使おう

です。そして、このすべてを整えてくれている力、理性が、人間にも分かち与えられていますから、人間も整って、道理にかなって生きることが可能なのです。

自分の内側に、自分という存在を導いてくれる理性（＝指導理性）があるので、それと対話していくことで、しっかり自分をつかむ。そうして、ほかの人の視線や意見によって、心が苛《さいな》まれたり、行動がブレたりするのを、防いでいけるのです。

マルクスのいうように、他人の意見を気にするよりも、自分と対話して、自分の考えをしっかりとめぐらせてみる。そこで得た自分の意見をこそ、重んじるべきなのですね。

「いいね」が目的になると、心が休まらない

美しいものは、すべてそれ自身で美しく、
賞讃を自分の一部とは考えない。
人間はほめられても、それによって悪くもよくもならない。
エメラルドは、ほめられなければ輝きを失うか。（4-20）

つまらぬ名誉欲が、君の心を悩ますというのか。

あらゆるものが、どれほどすみやかに忘れ去られるかを見よ。

地球全体は一点にすぎず、我々の住む所はその地球のほんの小さな片隅だ。

そこでどれだけの数の、どのような人間が、将来君をほめ称えるというのであろうか。（4-3）

人からほめられなくても人間の価値は変わらない

「エメラルドは、ほめられなければ輝きを失うか」――カッコいい言葉ですね。美しいものは、それだけで十分なのだ。それ以上何が必要だろう、ほめられることすら必要ない。

ダイヤモンドでも花でも、美しいものはほめられないと、その輝きがなくなる、なんてことはありえませんね。人間も同じです。ほめられたからといって、よくも悪くもなりはしません。

作家の志賀直哉に『清兵衛と瓢箪《ひょうたん》』という短編があります。瓢箪といえば、ちょっと高齢者の趣味みたいですが、主人公の清兵衛は、少年なのに瓢箪が好きで、小遣いでいろいろ集めては、ピカピカに磨き上げています。

でも親や先生はそれをよく思わず、誰も評価してくれません。ところが、清兵衛は実はたいへんな目利きで、彼の瓢箪は、骨董屋が高値で買うほどのものだったのです。

この話のように、とても好きなものがあって、それに入れ込むことには、案外強いものがあります。**好きという心持ちそのものが、エメラルドなのかもしれません。**人からほめられなくても、それで清兵衛の真価が、変わるわけではないでしょう。

私たちも、エメラルドのようなものを、自分の中に持っていたいものですね。

人の称賛は、すぐに忘れられる 名誉に心をわずらわせることはない

いまの時代、人からの称賛がどうしても欲しい、という人が多いような気がします。ほめられると、当然嬉しい。けれども、ほめてほしいと思う人が、これほど増えたのは、もしかするとＳＮＳが発達してきて、すぐに「いいね」が返ってくるからかもしれません。

私自身の経験でも、**「いいね」ばかりを期待しないで、自分が表現する行為そのものを、大切にするほうが、かえって心が満たされるのでは、と思うのです。**

名誉にしても、当然、他人あってのもので、ほかの人が素晴らしいと思い、ほめてくれることが名誉となる。それは人とのよい関係をもたらしてくれるので、名誉を欲しがって心を悩ませることも生じてきます。

ところがマルクスは、「人びとはすぐ忘れてしまう。喝采の響きはむなしい」と語ります。

そして「我々の前には、過去にも未来にも伸びる無限の時間が、深い淵となって横たわってい

美しい！
ほめられるから
輝いている
わけではないよ

私の価値は私が知っている

る。我々の住む地球も、宇宙のただの一点にすぎない。その一点の、さらに小さな片隅で、どんな人間が、君をほめたたえるというのか」と、続けています。

こうした永遠の時間の中では、ほんの一瞬間にすぎない私たちの人生です。名誉欲、他人の評価などにとらわれて自分を悩ませるよりも、自分を広い宇宙に放り出してみる。そして狭くて小さな周囲の評価によって、自分が左右されないようにするのがよいのです。

もちろんほめられるのは、悪いことではないでしょうが、「特にほめられる必要もない」と思うほうが、心をわずらわされない、伸び伸びとした生き方かもしれませんね。

自分の「売り」を見つける賢い方法

隣人が何を言い、何を行い、何を考えているかには目もくれず、自分自身のすることだけに注意して、それが正しく、敬虔であるように心がける者は、なんと多くの余暇という利益を得ることだろうか。

自分の目標に向かってまっしぐらに走り、わき見をするな。(4-18)

君の中にある最も優れたものを尊べ。

君の一生は、それによって支配されているのだ。(5-21)

人のいうこと、やることに気を遣わず自分の目標に向かってまっしぐらに

「目標に向かってまっしぐらに走り、わき見をするな」。簡単な言葉ですが、これ、受験勉強の最中に言われたら、まず納得ですね。

私は、受験勉強をしているときに、恩師から「初志貫徹」と書かれたハガキをいただき、「う〜ん、なるほど」と感じ入ったことがあります。初めに抱いた志を貫きとおす。このような四字熟語ひとつでも、ずいぶん勇気が湧いてきます。これも「まっしぐら」ですね。

「目標に向かってまっしぐらに走る」という心がまえは、とても大事なものだと思います。

88ページ3‐4と同様、「ほかの人が何をして、何を考えているか気にしないで、自分自身のすることだけに注目せよ」と戒めていますが、いま全盛のSNSは、ほかの人が何を言って、何を行い、何を考えているかを、覗き見し続けるシステムですね。

互いに覗き見をし合っていると、けっこう精神の消耗を招いてきます。もちろん、SNSが世界をおおう時代ですから、そこからドロップアウトしては、おもしろくないでしょう。**適度に活用しつつ上手につきあい、自分の目標に向かって、まっしぐらに走ればよいのです。**

自分のストロングポイントを見つけて、それを活かす

では、自分の目標は、どのようにして見つけたらよいか。「自分の内側にある、最も優れたものを尊敬せよ。それが自分の一生を支配する」と、マルクスはいいます。

自分の中で、優れている点は何でしょうか。それは、実は子どものころから、少しずつわかってくるのですね。歌の上手な子は、いつも歌いたがる。計算が得意な子は、なにかと計算をしてみます。絵が大好きな子は、あちこちで絵を描くのが好きです。

自分の中にある何か得意なもの、優れたもの、それを大事にする気持ちは、子どものころには、案外素直なかたちで、育まれるものだと思います。

ところが、大人になって仕事をするようになると、自分の「優れたもの」が優遇されにくくなりがちです。仕事が要求するものに応えていくには、自分の得意で優れた部分で対応できる、とは限りませんね。

そうなると、**大切なのは、自分の優れたものを引き出してくれる仕事や仲間を、選ぶことになります。**私の学生時代、40年ほど前には、銀行がいちばん人気の就職先でした。自分の特性

が銀行に適していれば、よい選択となりますが、「とりあえず銀行だ」と、入ってしまうと、自分の才能を活かしてくれる職場になるとは限りません。

日本の経済全体のことを考えると、あれほど優秀な人たちが、大量に銀行に勤める必要があったのかどうか。別の仕事でもっと有効に活かせた優れた才能を、それぞれもっていたかもしれません。でも、当時は起業といった新しいムーブメントは、まだあまり起きませんでした。

一般に、起業するときは、何をやるかを決めてから、人を集めるのが普通です。ところが、発想を変えて、自分が「一緒にやっていきたい」と思うメンバーをまず決める。そのメンバーが集まって、さて「何をすればいいか」を考える。そうした方法もあるのです。

メンバーどうしのチームワークがよければ、それぞれの得意なもの、優れたものを引き出し合うことができやすい。チームとしての力も大きくなります。

このように、まず自分の中で優れている点、自分のストロングポイントを生かすことが大切です。これはアメリカの経営学者、ピーター・ドラッカーも、その著書『マネジメント』などで主張していることです。「これならいけるかも」というストロングポイントを示すと、その人の特徴が見えやすくなり、互いに仕事がしやすくなるのです。

社会の中の自分⑤

体の一部になっている「信念」がいざというとき役に立つ

この世で大きな価値のあることはただひとつ、嘘つきや不正な人びとに対しては寛大な心を抱きながら、真実と正義の中に一生を過ごすことである。（6-47）

信念を実行するときは、剣士《グラディアートル》ではなく、力士《パンクラティアステース》のごとくあるべきだ。なぜならば、剣士は剣を落とせば殺されてしまう。ところが、力士にはいつでも自分の手があって、それを握り締めさえすればよいのだ。（12-9）

相手から不正な行為をされても寛大に受け止め、同じような不正で対応しない

古代ギリシャの哲学者、ソクラテスのことが、マルクスの心に思い浮かんだのでしょうか。ソクラテスは、いいがかりをつけられたような形で、死刑になってしまいました。どう考えても死罪に値するほどのことはしていないのに、牢に入れられてしまったのです。

当時は脱獄も容易だったので、知人から「逃亡したらどうか」と、勧められました。でも、ソクラテスは「ここで逃げ出したら、受けた不正に対して、自分も脱獄という不正をすることになってしまう」と応えます。そして、毒杯をあおって刑を受け、亡くなったのです。

社会を律する法を犯すことはしない、不正は犯さない、という確固たる信念ですね。ふつうは、相手が不正をしてくれれば、自分も不正でこれに対してもかまわない、と考えるかもしれません。しかし**ソクラテスは、正義を信じ、ルールを破るような生き方はしなかったのです。**

たとえばスポーツでも、相手チームが反則ばかりしてくるけれど、自分たちは反則しない。そうした立場は、あると思います。

アルゼンチンのサッカー選手、リオネル・メッシがそうですね。ファウルに次ぐファウルが

あっても、ファウルに対して寛大な心をもっているので、ほとんど怒りません。そのうえ、自分自身はすごくファウルが少ない。そこで皆からリスペクトされていくわけです。

このように常に真実と正義を求める信念をもち、不正な行為にも寛大でありたいものです。

道具や人手に頼らずに自分自身で成し遂げるように

自分の信念を実行するには、「剣士ではなく、力士のようにせよ」と勧めています。剣士は、常に剣を持っている必要があり、剣を落とせば殺されてしまう。ところが力士のほうは、自分の手を使いますから、拳を握り締めさえすれば、どんなときでも戦えます。

これは、自分自身の技術や手腕をもち、それをしっかりと握り締めて活用する。道具や人手に頼るのではなく、自分自身で成し遂げなさい、ということなのです。

自分の中の信念や原理原則は、それを剣のように手放したり、持ったりするものではありません。常にしっかりと、自分の手中にしておく。信念は、自分の手から離れることがない。むしろ、自分の手そのものが信念である、ともいえるでしょう。

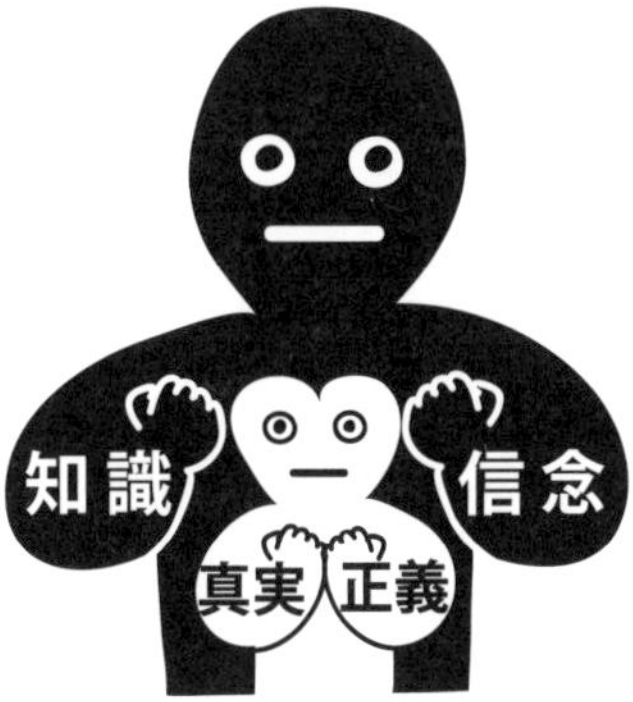

大事なものは完全に身に付ける

行為だけでなく、知識の場合でも、完全に体に身に付いていると、まるで自分の手のよう自在に使えますが、生半可な知識では、手から離れてしまい、使いものになりません。

車の運転も同じで、なんとなく運転している人は、いつか事故を起こしてしまう。しかし、たとえば「見通しの悪い四つ角では、必ずいったん停止し、左右をちゃんと見る」といった原則を、完全に身に付けている人は、いきなり子どもが自転車で飛び出してきても大丈夫。万にひとつの危険性を思って、日ごろから確認して運転している人は、事故を起こさないわけです。

自分のもつ信念や基本原則を、絶対に手放さない、外さない人は強いのですね。

社会の中の自分⑥

思ってもいないことをいい続けるのは、自分の価値を低くする

人びとは、互いに相手を軽蔑していながら、お追従をいい合い、互いに相手を出し抜こうとしながら、腰を低くして譲り合うのである。(11-14)

人間の価値は、その人が、熱心に追い求めるものの価値に等しい。(7-3)

人とのつきあいでは裏表のあるような態度は避けよう

『自省録』には皮肉の効いた表現が、いろいろと出てきますが、11‐14もそのひとつです。

人間をよく観察してみると、お互いのことを実は軽蔑しているのに、相手にはおべっかを使い合う。相手を出し抜こうとしているのに、「どうぞどうぞ」と、腰を低くして譲り合う、といったことが見られる。要するに、自分の内側と外側が、逆になっているのですね。

人間には、そうしたところがありがちです。これは、マルクスが大切だとする原理原則を、もっていない人たちのことですね。その場に合わせて、適当に都合をつける、といったことばかりしていると、心の中と外側が、違ってきてしまいます。

もっとも、内心では軽蔑している相手に、ストレートに蔑みの言葉を投げかけたら、それはまずいですね。人のつきあいとしては、本音と建て前のような方便も、有効な場合があるでしょう。しかし、そうした**「裏表のあるようなことは、してはいけない。それは、人のほんとうのあり方ではない」**と、マルクスは確信しています。

ところで、人間の価値とは、そうした裏表のないことにも表れますが、ほかにはどんなものが、人の価値を表すのでしょうか。社会への貢献、または豊富な経験や知識でしょうか。

マルクスは、それをシンプルに、「その人が、熱心に追い求めているものの価値に等しい」といいます。追求するものが素晴らしいものならば、その人の価値も高まるわけです。

熱心に追い求める、その姿がその人を素晴らしいものにする

いま将棋の世界では、羽生善治《はぶよしはる》さんに続いて藤井聡太《ふじいそうた》さんが、非常な才能を発揮しています。将棋の世界の奥深さを、徹底的に追い求めていますね。お二人とも、追い求めるものがものすごく高いところにあるのです。

第一線でその道を極めた人ほど、「この道は無限である」といいます。進めば進むほど、先があるような気がする。そうした追求の姿が、その人間の価値につながるのです。

よく知られているように、印象派の画家、クロード・モネは、水蓮をモチーフに数多くの作品を残しています。それは水蓮を描いているようでいながら、実は光そのものを描いているのです。刻々と移り変わる光のさまざまな姿をとらえたい、それはあまりにも美しい、とモネは

高みを目指せば、自分の価値も上がる

思ったわけです。美しく変転する光の姿が素敵であり、それを追い求めるモネも素晴らしいのです。

画家でなくとも、たとえば子どもたちが一生懸命に絵を描いていたら、その絵をなにか尊いものと思うでしょう。熱心に追い求めている姿そのものが、価値を生み出すのです。

多くの皆さんがファンであると思いますが、私は高校野球が始まると、なぜかいつも全試合を見てしまいます。

球児たちが追い求めている何か、野球にかける情熱、その一途な気持ちが、彼らを素晴らしいものに高めている。「あこがれに向かって飛ぶ矢」のような姿を見ると、心が躍りますね。

社会の中の自分⑦

チャンスをつかむ感覚を磨こう

絶えることのない時の流れが、永遠の年月を常に新しく保つように、流転と変化が、世界をたえず更新する。（6－15）

思い起こせ、君はどれほど前から、これを延期しているか、また神々から何度も機会を与えられながら、それを利用しなかったか。

君に与えられた時間には限りがあり、その時を用いて心に光明を取り入れなければ、機会は二度と再び、君のものとならないだろう。（2－4）

時は川のようにたえず流れ世界は流転していつも新しくなる

ここでは時間やチャンスについて、少し考えてみましょう。

「絶えることのない時の流れが、永遠の年月を常に新しく保つ」ように、万物は生じては消えていき、流転していきます。同じ現実は、もう二度とやってこない。川の水は流れていき、同じところにはありません。川は常に水が入れ替わっているので、同じ川には、二度と入れないのです。

これは、古代ギリシャの哲学者、ヘラクレイトスの説いた **「万物は流転する」** という考え方に通じるものです。また、平安から鎌倉時代にかけての文人、鴨長明《かものちょうめい》の『方丈記』冒頭にある **「ゆく川のながれは絶えずして、しかももとの水にあらず」** という有名な言葉も、思い起こさせますね。

このような無常観は『自省録』にも、ときどき顔を出してきます。これは、戦乱の中で暮らしたマルクスが、思い抱いた感慨なのでしょうか。

川の流れは、時間の比喩としてぴったりですね。もう二度と同じ時はやってこない。世の中の出来事も、始まりと終わりが連鎖しつつ常に更新され、常に新しい時間が流れています。

チャンスをとらえて行動する人は幸福をつかむことができる

こうした絶え間のない時間の流れの中で、「君はどれほど前から、これを延期しているか」。ここだけでも、メッセージとして効いてきますね。ドキッとする人が、けっこう多いのではないでしょうか。

「やろう、やらなければ」と思い、それを実行する機会はいくらでもあったのに、なぜそれをとらえなかったのか。人生には限りがある。機会は二度と再び、自分にはめぐってこないだろう、と警告しています。

いまの時代、結婚する相手がなかなか見つからない、といった状況があるようです。でも、SNSでの出会いなどもあるので、機会はだいぶ増えていますね。**逆にチャンスが大量にありすぎて、「いったいどこで決めればいいのか、わからない」という声も聞かれます。**結婚する気がなければ、もちろんしなくてよい。しかし、したいけれどもできない、という場合は、相

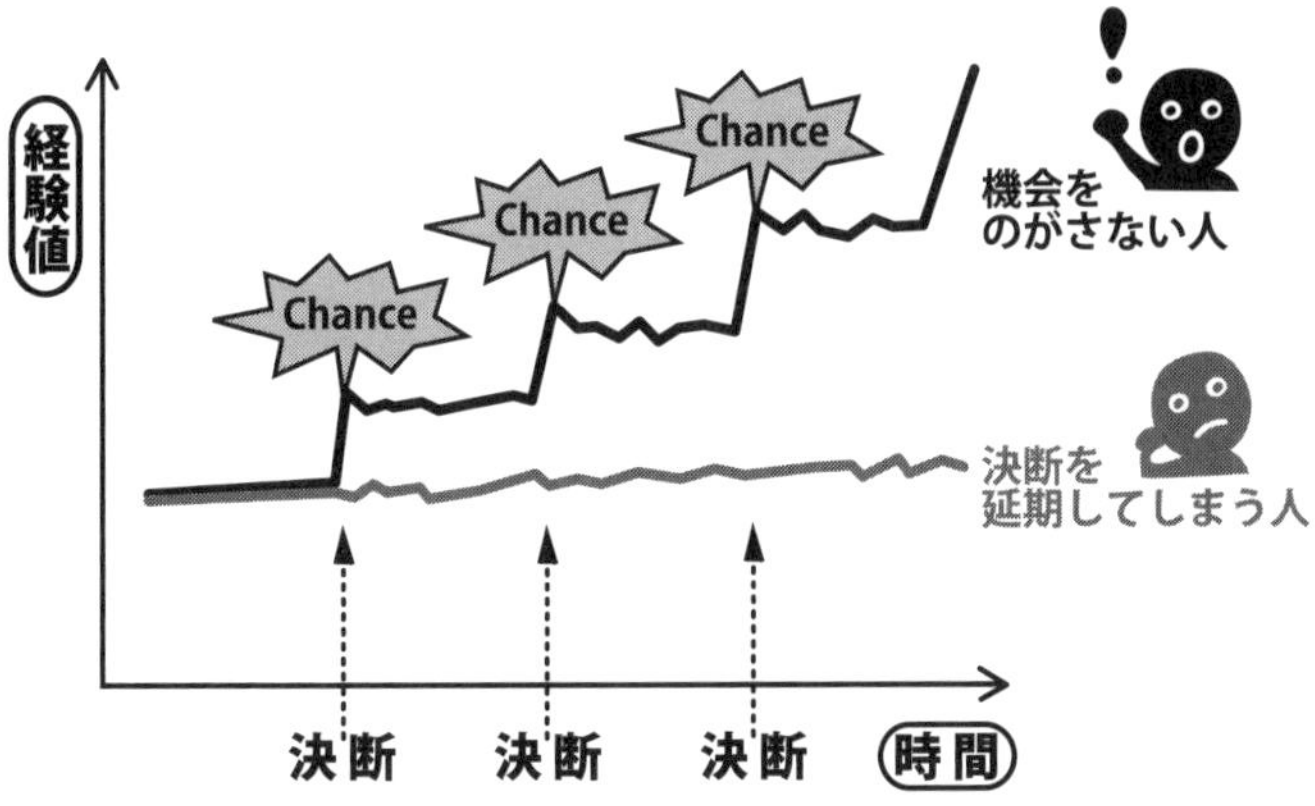

決断を延期すると経験が積み上がらない

手につける点数が辛かったりして、延期に次ぐ延期をしているのかもしれません。

「幸運の女神は前髪しかない」という、古代ギリシャのことわざがあります。女神の前髪をとらえれば、幸運をつかむことができる。ところが、女神が通り過ぎてしまってから、あわてて後ろ髪をつかもうとしても、そこには毛がない。チャンスはもうやって来ないのですね。

世界は常に流転し変化して、更新されていきます。**その流れの中で、「いまこそ、その機会なのだ」と決断していく。**それが大事なのです。「これが神から恵まれた機会だ」と思える人は、幸せをつかむ感覚があるのだと思います。

仕事をするときに①

リーダーはどうあるべきか

統治者であり立法者としての理性が、「人間の利益のためにせよ」と君に命じることだけを行うこと。

もし君のそばにいる者が、君のひとりよがりの考えを正し、変えさせようとしたら、考えを変えること。（4-12）

よいことを行って悪くいわれるのは、王者らしいことだ。（7-36）

優れたリーダーは、人からの忠告に耳を傾けひとりよがりの考えを正すことができる

リーダーとは、行く先や方向性を示して、周りの人間を勇気づけ、仕事を達成していく存在です。ですからリーダーは、自分の利益ではなく、公の利益、「人間の利益のために」物事をなさなければいけません。大きな視点から、個人ではなく集団の利益のために行動するのです。

これも、人間の内なる良心、理性が、自分に命じることです。ところが、内なる良心に耳を貸さない人は、リーダー的な位置にあっても、実は自分ひとりしか眼中にないのですね。公のために尽くすよりも、自分ひとりの欲望にまみれてしまう。

一方、理性に従うよき心を内側にもつ人は、見ていてもわかりますね（このことについては、152ページ11‐15でも指摘されています）。いろいろな人がずるいことをしますが、「この人は絶対不正をしないな」とわかる人がいます。そうした**クリーンさをもつ人こそが、リーダーにふさわしいのだと思います。**

よいリーダーであれば、自分が独善的な考え方に陥ったときでも、そばにいる人が「それは違うのではないですか」とアドバイスしてくれたら、すぐに考えを変えることができる。これ

ができないと、ほんとうに孤独な独裁者になってしまいます。

自分に反対する人間は、すべて粛清して排除していくと、**自分の周りには、アドバイスや軌道修正をしてくれる人が、誰もいなくなります。**イエスマンだけに囲まれてくる。スターリンやプーチン大統領など独裁者に見られる状況です。

リーダーは、そうした存在であってはならない。このマルクスの忠告は、現在、独裁的な政治を行っている人たちには、たいへん耳の痛い発言かと思います。

人から悪くいわれても自分がよいと確信したことはやり抜く

またリーダーには、よいことを行っても悪くいわれることが、よくあります。

サッカー・ワールドカップ日本代表の監督、森保《もりやす》一《はじめ》さんは、２０２２年の大会前は、いろいろと悪くいわれました。「選手の選び方が間違っている、そんな戦術じゃまるでダメだ」などと、すごい批判がネット上にあふれていました。「あの監督に任せていたら、もう日本のサッカーはお先真っ暗だ、監督を交替させろ」といった論調が多かったのです。

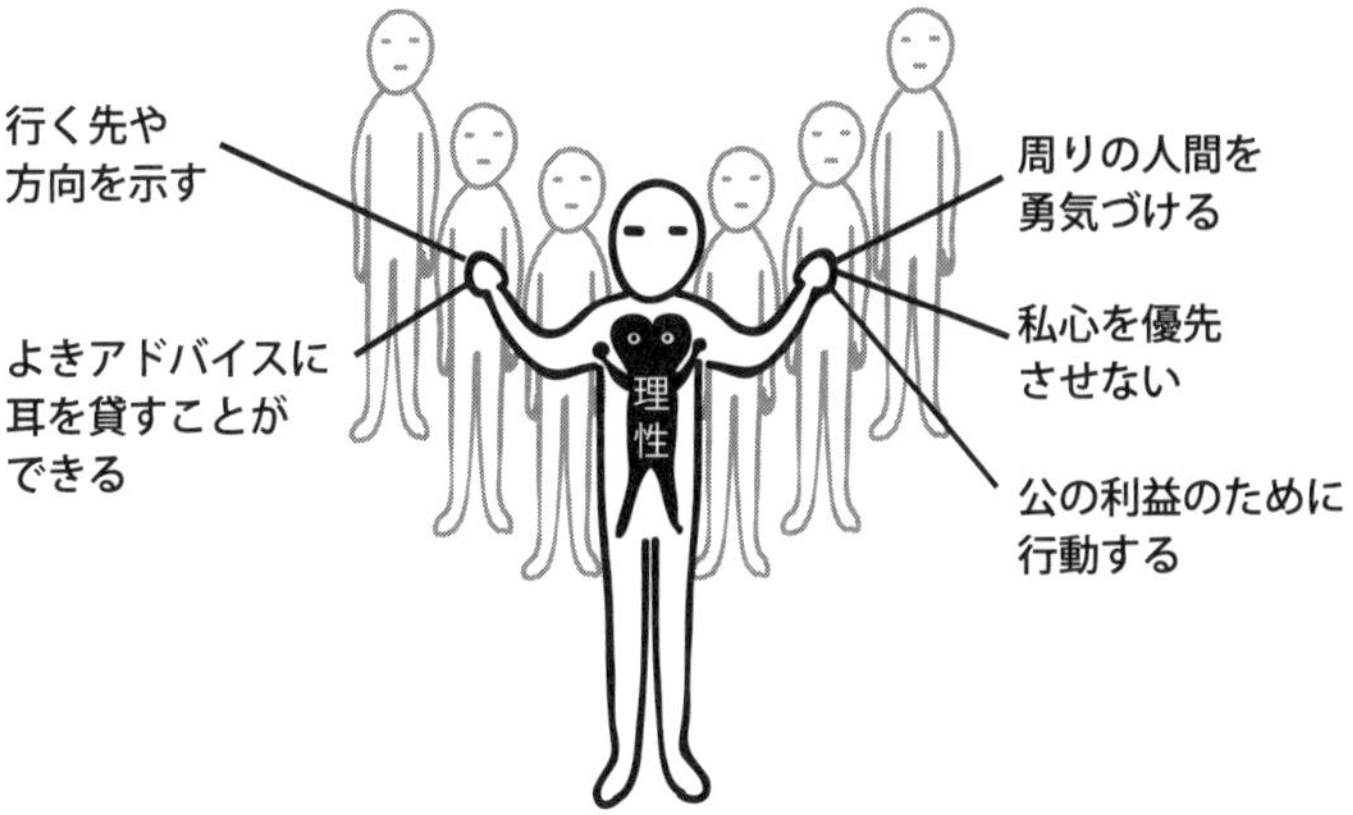
行く先や
方向を示す
よきアドバイスに
耳を貸すことが
できる
理性
周りの人間を
勇気づける
私心を優先
させない
公の利益のために
行動する

よきリーダーの行動指針は「理性」である

ところが、試合の幕が切って落とされると、強豪のスペインやドイツを破るという快挙を成し遂げて、決勝トーナメントまで進んだのです。そこで、監督としてさらに4年間を任されることになりました。そうして周囲を黙らせてしまい、批判も鳴りを潜めたのです。

候補選手すべての実力とコンディションを把握し、対戦国の戦力や戦術に対して、どのような戦術がベストかを考える。そして監督は、誰をスターティングメンバーで使い、誰を途中から投入するか、といった数学的な思考を重ねていきます。

そうした緻密な戦略をもって、チームの能力を最大に引き出していく。これがリーダーのもつ理性の働きなのですね。

仕事をするときに②

トラブルを乗り越えると、能力は急激に伸びる

すべて君が苦手だと思うものにも慣れよ。

なぜならば、左手はほかのあらゆる仕事には不器用なのに、手綱は右手よりしっかりと持つ。それは、これに慣れているからだ。（12－6）

我々の精神は、すべてその活動の妨げになるものをくつがえして、目的の達成に役立つものに変えてしまう。

このように、活動を妨げていたものがかえって活動を助けるものとなり、道の邪魔をしていたものがかえって道を楽に進めるものとなる。（5－20）

苦手なものにも慣れていくと自分の可能性を、大きく広げることになる

これは、なかなかおもしろいたとえです。たいていのことは、右手でできますね。それは、右手がいろいろなことをするのに、慣れているから。右利きの人の左手は不器用です。

ところが、馬に乗るときは、ふつう左手で手綱を持ちます。ムチは右手で持つ。手綱を持たせれば、左手のほうが慣れていて上手に扱えます。

このように、どのようなことでも慣れてくれれば、苦手ではなくなります。「苦手だと思うものにも慣れなさい」と、勧めているのです。

私は、左足ではサッカーのキックがうまくできません。でも、右足で蹴るときには、右足に力が入って蹴りやすい位置に、左足を置いているのです。逆に左足で蹴ってみると、右足は、左足ほどうまい位置に置けません。だから、よけい蹴りにくいのです。軸足としては、左足のほうがずっと上手です。その動作に慣れているからですね。

また、もとは右利きなのに、左打ちが有利なので左打ちに変えた、というスポーツ選手は珍しくありません。野球ではイチローさんをはじめ、松井秀喜《まついひでき》さん、大谷翔平選手。球を打つと

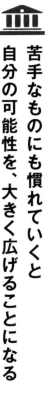

一塁に向かって走るので、バッターボックスが一塁に近い左打ちのほうが有利です。それに、左打ちが打ちやすい右投げのピッチャーのほうが多い。卓球でも、左打ちが有利なので左打ちに変えた、水谷《みずたに》隼《じゅん》選手や早田《はやた》ひな選手の例があります。こうしてみると、「慣れる」という要素が大きいことがわかりますね。職場で、管理職が苦手だと思っていても、3年ほどもそれを続けていると、「意外にできるな」と思われてきます。それは、スキルの向上でもあります。

困難や障害を、プラスに逆転させる それが人生を豊かにする

自分の活動や、進んでいる道の邪魔をするもの、障害を、逆に目的達成のための助けにしてしまう。私たちの精神には、そういう働きや力があるのです。さまざまな苦難が生じても、それをくつがえしてプラスに変えていく（これは168ページ8 - 35の引用文にもあります）。

私たちは、常にピンチに遭遇する可能性があります。ケガもすれば病気にもなる。思わぬ落とし穴があったり、強い相手が出てきたりと、あれこれの困難、トラブルにも見舞われます。たとえば、スピーチを予定していた人が急用で来られなくなってしまい、急遽、なんとか別

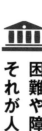

慣れてしまえば、なんでもない

の人を見つけて代理に立てたが、結果はむしろそのほうがよかった、といったことも、まま経験します。「災い転じて福となす」ということわざにあるとおりですね。

また、ある製品を作っているときに、目指した数値がどうしてもクリアできない。そこで、みんなで知恵を絞り、アイデアを出し合って工夫したところ、それが想定したレベルを超える優秀な結果を出した。そうしたことも、実際にあることです。

「これは難しいかも」と思われる障害があっても、工夫してなんとか乗り越えていく。その工夫こそが精神の働きであり、それが人間のよさであり、生きていくことの醍醐味なのです。

仕事をするときに③

プロフェッショナルの心得

職人たちは、あるところまでは素人に調子を合わせるが、そのために彼らの技術の原理に添うのをおろそかにするようなことはなく、そこから離れるのをいさぎよしとしない。（6－35）

得意にならずに受け、いさぎよく手放すこと。（8－33）

プロとなるには、自分の仕事の核となる技術の原理を、もたねばならない

ここでは、仕事で活かされる技術の尊さ、そしてプロフェッショナルの心得や矜持《きょうじ》について、語っています。プロとは、基本的に技術の原理に添って仕事をし、その原理を大事にして、そこから外れないのです。「原理」とは、「道理にかなった法則」であり、それは人のもつ理性から出てくるものでもあります。

途中までは、素人の考えでも、ある程度ヒントにはなるでしょう。しかし、やはり**プロには、プロの技術の原理、核があるのです。**

私が、あるプロゴルファーの方と対談の機会をもったとき、「プロとアマチュアとの違いとは、何でしょうか」と質問をしたのです。すると、「調子が悪くなったときに、戻るべき基本を持っている。それがプロです」という答えが返ってきました。アマではこの基本、原理が身に付いていないのですね。

柔道でいえば、「打ち込み」も同じことでしょう。オリンピック三連覇をなしとげた元柔道選手の野村忠宏《のむらただひろ》さんに伺った話ですが、背負い投げに入るための動作を、繰り返し何度も練習

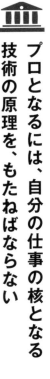

し、無意識にできるよう、ずっと何年も続けていたそうです。それは背負い投げの技術の基本であり、原理なのですね。そこを徹底的に身に付ける。

そうしたプロが自分のものにしている「技術の原理」が肝心なものなのです。「自分は仕事で技術の原理といえるものを、もっているだろうか」「職人としての、何か核のようなものをもっているか」という問いかけは、プロとしては、とても大事なことだと思います。

いばったり、もったいぶっているのはプロのすべきことではない

私は、静岡で放送されているテレビ番組に、月に一度ほど出演していますが、その番組では、いろいろな名店のレシピを、紹介するコーナーがあります。ビーフシチューが人気のレストランのシェフや、稲荷寿司がおいしいと評判の店の主人が、自慢のメニューの作り方を丁寧に教えてくれるのです。

「そんなに難しくないですよ」と、いとも簡単そうに始めるのですが、見ているうちに、「どうも、作るのはなかなかたいへんそうだな」と思えてくるのですね。

食べるのはいっときのことですが、作るほうでは、これほどの時間と手間をかけている。それでおいしいものができあがるのです。こうした細やかなプロの技術を、私は自分の仕事の中でも、もっているのだろうか、と考えてしまいます。

また、プロフェッショナルな人は「得意にならずに受け、いさぎよく手放す」べきです。

プロであれば、いろいろな注文が来るでしょう。しかし、自分の技術をたのむあまり、わがままな頑固者になってしまい、「それはできないね」と、蹴ってしまうこともありがちです。

仕事を受けるときには、得意にならずに、謙虚に引き受ける。そして、自分が必要とされないと思ったら、いやな顔はしないで、思い切りよく手放すのです。

会社では、よく異動があります。入社以来二十数年、ずっと報道番組を担当していたのに、まったく畑の違う部署に移ることになった人がいました。ところが、その人は、「社内のほかの仕事もやってみたい」と、すごくポジティブに、その異動を受け入れていました。ほんとうのプロは、思わせぶりや、もったいぶることはしないものです。

考えてみますと、人間の社会では、常にこの異動にあたるものが生じますね。「来るものは拒まず、去るものは追わず」という感じで、精神を柔軟に保つと、心の健康も保たれるのではないでしょうか。それがチャンスを生かすことにも、つながるのだと思います。

コラム

哲学を生きた皇帝、マルクス・アウレリウス・アントニヌス

マルクス・アウレリウス・アントニヌスは、スペイン出身の名門貴族を父に、資産家の貴族を母として、紀元121年ローマに生まれました。当時は「パックス・ロマーナ」(ローマの平和)と呼ばれた時代で、ローマは平和と繁栄を謳歌していたのです。

父方の祖父は、ローマ総督や執政官、元老院議員などの要職を務めており、父も法務官を務めました。母は、豊かな教養をもった敬虔な人柄だったといいます。

父が亡くなると祖父に引き取られ、優れた学者たちを家庭教師としてギリシャ語やラテン語をはじめ文学、音楽、絵画、弁論、法律などを学んでいきます。中でも哲学に興味をもち、当時全盛だったストア哲学に魅入られて、これを一生の心の支え、人生の指針としたのでした。

138年に皇帝のハドリアヌスが亡くなると、アントニヌス・ピウスが即位します。そしてハドリアヌスの意向により、マルクスはピウスの養子となり、次期皇帝に指名されました。

哲学の研究を続けたかったマルクスにとって、皇帝となるのは、喜ばしいことではなかったようです。しかし、生前に可愛がられたハドリアヌスや、尊敬するピウスに背くことはできな

いので、これを運命として引き受けたわけですね。

１４０年には執政官になり、１４５年、24歳のときにピウスの娘、ファウスティナと結婚します。子どもは14人あったといいますが、多くは早くに亡くなったようです。

１６１年にピウスが亡くなると、16代皇帝に即位し、同じピウスの養子であるルキウス・ウェルスと共同統治を始めます。それまで長いこと平和な時代を過ごしたローマ帝国は、マルクスの時代になって、国境各地での防衛戦や、疫病、天災などに脅かされることになっていきます。マルクスは、こうした難題に対処するため、東奔西走する毎日となったのです。

次第に激しくなるゲルマン族の侵入に対処するため、１６８年にドナウ河畔の前線に遠征しますが、その後長期間にわたって、戦いの中に身を置くことになります。

『自省録』は、こうした戦乱のさなかに、陣中で書き綴られたもので、ペシミスティックな無常観も漂っていますが、ストア哲学の代表的な著作のひとつとなっています。

１８０年、冬営していたウィンドボナ（現在のウィーン）で、病にかかって58歳で命を落としました。不治とわかると、食事も薬もいっさい断って、４日後に息をひきとったそうです。

現在、ローマのカピトリーノ美術館にある騎馬像は、２世紀後半に作られたもので、哲人皇帝といわれたマルクスの風貌を伝える、貴重な青銅像となっています。

第3章

よりよく生きていく方法

人生にも哲学が必要だ／善悪と幸福／困難に立ち向かうには

ストア哲学における「自然」とは

葉の「自然」が、その植物全体の「自然」の一部であるように、理性的な「自然」もまた、宇宙の「自然」の一部である。

人間の自然は拘束されない、叡智的な、正しい自然の一部なのである。（8－7）

自然の出来事に伴って起きる現象にも、風情と魅力がある。
たとえばパンが焼けるとき、ところどころに割れ目ができる。
それはパン屋の意図に反するが、ある趣《おもむき》をもち、不思議に食欲をそそる。（3－2）

この宇宙も、私たち人間もすべては「自然」がコントロールしている

「自然」は、ギリシャ哲学では、次のように考えます。まずふつうに目に見える自然として、植物や動物、あるいは海や陸地、そして宇宙があります。こうした物質的なものだけでなく、生命を含むすべてのものの起源、宇宙が生まれる源を、「自然」と考えたのです。

ストア哲学では、この**「自然」は、宇宙を支配し秩序づけるもので、万物に分け与えられており、人間の中にも「指導理性」として存在するもの、と考えられています。**

ですから、「物質的な自然も、理性的な自然（＝指導理性）も、宇宙の自然の一部」なのです。そして人間の中の「自然」は、叡智をもった正しい「自然」の一部となります。

宇宙を支配する原理（＝自然）が、あまねく万物に存在している。そして万物を理性的、合理的にコントロールしていくのですね。理性と自然とは、ふつうは違うものと考えますが、ストア哲学では、万物を支配し制御する「自然」は、理性と同一視されています。

このように見ていくと、宇宙にはなにか〝原理〟といったものが、あるように思えます。

ビッグバン以来、広がり続けているという宇宙には、宇宙の法則や原理があり、地球の誕生を

可能にした環境の形成にしても、そこには何かしらの原理が働いている。この原理は「自然の意志」であり、それによってこの地球も動いているのです。そうした動きは「運命」と考えてもよいものでしょう（運命については48、136ページもご覧ください）。

意図しなくても、自然に起きたことには思わぬ魅力が感じられる

「パンが焼けるときにできる割れ目が、食欲をそそる」とは、おもしろい表現ですね。自然の動きに伴って起きたことにも、魅力的に見えるものがあります。

陶器を焼く場合でも、全工程がコントロールできるわけではなく、焼き上がったときに、初めて結果がわかります。「この温度、これだけの時間、あの釉薬では、こうした色で、こんな仕上がりになるのか」とわかる。その出来上がりが「実に味わい深い」ことがあります。

私たちは、狙ったわけではないけれど、たまたまこうなった。それが意外に趣をもっていて、なかなかオツなものだ、という経験をよくしますね。

芸術作品でも、自然の出来事に伴って生じた現象が、魅力的に映る場合があります。アメリ

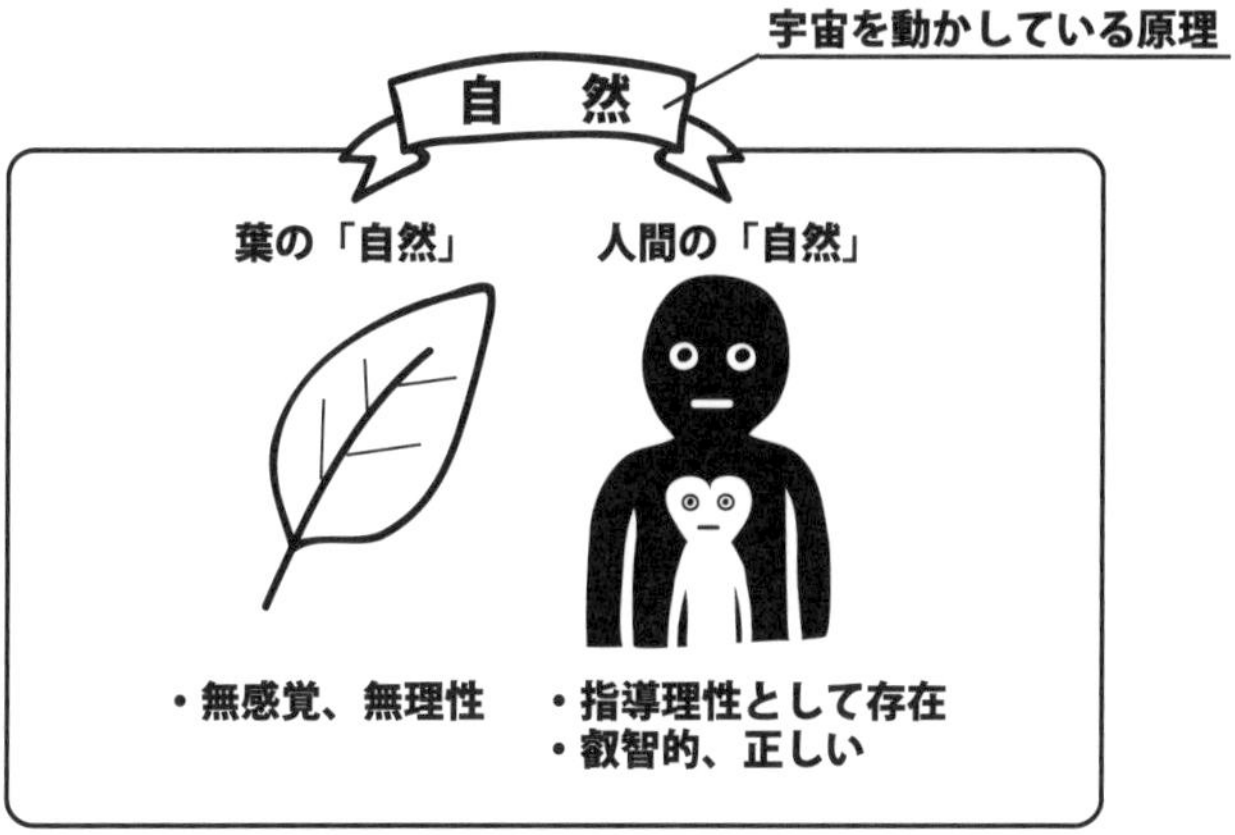
宇宙を動かしている原理
自　然
葉の「自然」
人間の「自然」
・無感覚、無理性
・指導理性として存在
・叡智的、正しい

すべてのものに「自然」が存在する

カの画家、ジャクソン・ポロックは、まるでキャンバスに絵具を撒き散らしたような作品で、よく知られています。絵具を自然な感じに散らした結果、おもしろい飛び散り方になる。それを取り入れた技法で制作した結果、見事な抽象画となっているわけです。

富士山も近くで見ると、雲のかかり方や陽の光の移ろいなど、刻一刻と見え方が変わって、とても感動的です。決まりきった富士山の姿ではなく、芸術的なイメージとなって現れます。

このように、自然の中で起こる現象の思いもよらない姿を受け止める感性があれば、日々の生活も豊かになります。自然の営みに親しむと、幸福感が得られるのですね。

人生にも哲学が必要だ②

哲学は哲学者だけのものではない

君は三つのものからなっている。それは、肉体、息、叡智である。
はじめの二つは、君が面倒を見てやるかぎり、君のものである。
しかし真の意味では、ただ第三のものだけが、君のものである。（12−3）

人生は戦いであり、旅の宿りであり、死後の名声は忘却にすぎない。
それでは我々を導くことができるものは、何であろうか。
ただひとつ、哲学である。（2−17）

人が過ちを犯したり、無礼を働いても寛大な心で、余裕をもって受け入れよう

人間は、肉体と息と叡智からなっている。「息」とは、ギリシャ哲学でいう「気息（プネウマ）」（生命や存在の原理）のことです。宇宙を支配する原理ですね。まず肉体は自分で動かすものだし、息も、宇宙の原理によって自分で働かせるもの。しかし、掛け値なしに自分のものであるのは、「叡智」なのです。もうおなじみの「指導理性」のことですね。

そして、肉体はいずれ流れてなくなってしまい、魂は夢のように消えてしまう。人生は戦いであり、旅の宿りであり、死後の名声なども、いずれ忘れ去られてしまう。そうした中で自分を導いてくれるのは、ただひとつ、哲学だけである、というのです。ここにも、マルクスの無常観が出ていますね。

ここでいう哲学とは、叡智と同じものと考えてよいでしょう。人間の内なる神的なもの（＝ダイモーン）を守って損なわれないよう、快楽と苦痛を制御できるものです。

現代では哲学というと、大学の哲学科で学ぶような、観念的なものと思いがちですが、マルクスにとっての哲学は、行動する哲学、実践的な哲学なのです。自分の判断力を研ぎ澄まして

現実を正しく認識し、それに従って行動する。そうした哲学は叡智、知恵のことですね。

叡智である哲学は、自分が考えることですから、完全に自分の内なる世界でコントロールできる。外側からの評判などに左右されない。死後の名声も、忘れ去られていくだけですから。

自分の心がブレないようにしてくれるのは、哲学です。自分の中でしっかりとした叡智を養い、そして哲学をもつこと。それは信念をもつこと、ともなるでしょう。

哲学は、哲学者の専売特許ではなく すべての人が、もつ必要がある

「自分の中に哲学をもて」といわれても、「そんなものないなあ」と感じる人も、けっこう多いと思います。でも、**人生は戦いなのだと思えば、戦っていくためのエネルギーや、核や柱となるものが必要ですね。それが、実は哲学なのです。**

亡くなられた京セラの創業者、稲盛和夫さんが第二電電（現ＫＤＤＩ）を発足させるときに、日夜自分に問いかけたものとして、「動機善なりや、私心なかりしか」という言葉が知られています。

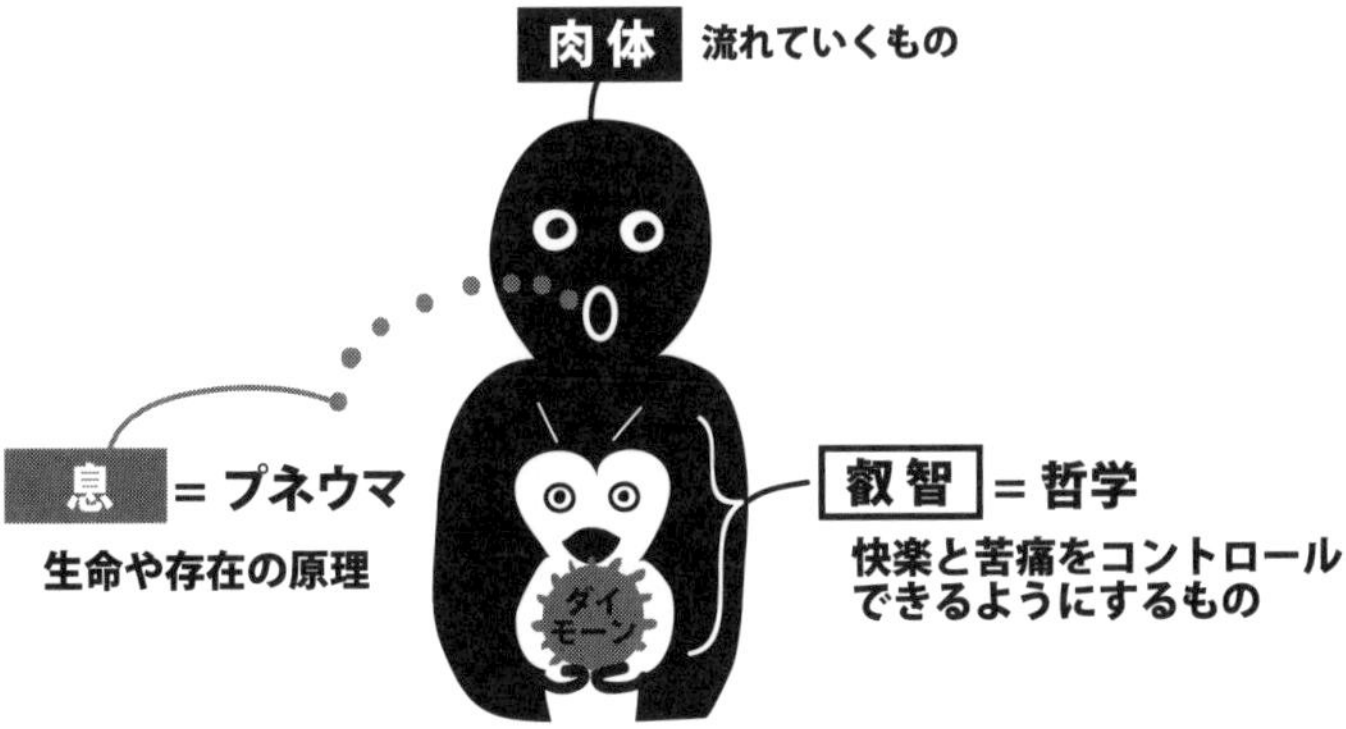
肉体
流れていくもの
息
= プネウマ
生命や存在の原理
叡智
= 哲学
快楽と苦痛をコントロールできるようにするもの
ダイモーン

「私」を構成する3要素

物事を実行するとき、「動機に自己中心的なところは、ないだろうか」と、自問自答するのですね。稲盛さんの塾に、あれほど人が集まったのは、現実の中で戦っていく人の心中にあったものが、叡智であり、哲学だったからなのでしょう。

また、松下幸之助著の『成功の金言365』（PHP研究所）にも、「素直な心は、真理をつかむ」「成功は運のせい、失敗は自分のせい」「一度常識から自分を解放せよ」など、自分の生きる信条が、いろいろ書いてあります。松下幸之助ほどの歴戦錬磨の人、信念の人の語ることは、これも実践的な哲学となっています。哲学は、哲学者のものだけではないのです。

人生にも哲学が必要だ③

マルクスの考える「神」とは？

各人の叡智は神であり、神から流れ出たものである。（12－26）

第一に、神々はこの目にも見える。第二に、私は自分の魂を見たことはないが、それでもこれを尊ぶ。

神々についても同様に、私は彼らの力をそのたびにはっきりと認め、そのため彼らの存在を確信し、彼らを畏れるのである。（12－28）

人間だけがもつことのできる叡智は神からの贈り物である

ここでは、「神」について、マルクスの考えを聞いてみましょう。

90ページでもお話ししたように、叡智とは、自分の中にある指導理性のことで、自然＝神から分かち与えられたものですね。叡智それ自身がもう神といえるもの、と考えるのです。

「人間は葦のようにか弱い存在である。しかし、人間は考えることができる葦なのである」とは、フランスの思想家で数学者のブレーズ・パスカルが、『パンセ』の中に書いた、たいへん有名な言葉ですね。

「考えること」、つまり叡智は、人間以外には見いだせないものです。人間だけが、叡智、理性をもっている。これはなかなか不思議なことです。なにか神のはからい、といったものが、感じられませんか？ **叡智は、人間に与えられた、神からの贈り物なのです。**

「神をどこかで見たのか、神の存在を確かめたのか」と、尋ねられたら、「第一に、この目にも見える」と、マルクスは答えています。しかし、これはあまり納得のいく答えではありませんね。ふつう、神は目に見えないものですから。

そのあとに、「神々の力が、さまざまなところに働いているのが認められるので、そのことから神が存在しているのが、確信できる」と述べています。「目に見える」とは、このようなことをいっているのでしょう。

神＝自然のはからいに感謝すれば、穏やかな心持ちになれる

神が力を現したことを体験して、神の存在を確信し、神々に畏敬の念を覚える。こうしたことは、私たちの経験でもあるのではないでしょうか。

ふだんの生活でも、偶然に起きる出来事が、いろいろとあります。そのとき、「こんなタイミングで、こんなことが起こるのか！　まるで神のはからいのようだ」と、思わず感嘆してしまうことが、よくありますね。それが神々を感じた瞬間だと思うのです。

事故にあったとき、「この瞬間に、お医者さんが居合わせてくれたので命が助かった」とか、「学校で、どうしてこんな素晴らしい先生と出会えたのだろう」といった経験が、皆さんにもあることでしょう。そうしたとき、「何か神のはからいなのだろうか」と思えてきますね。

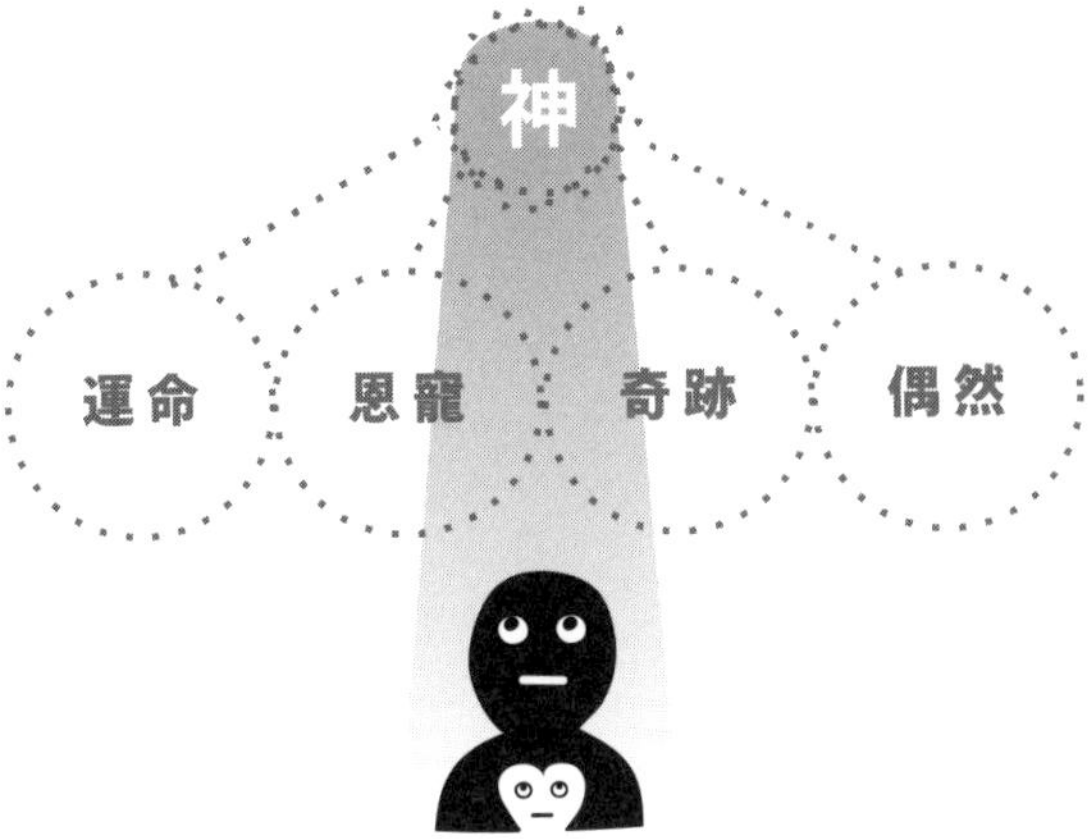

神がいるとしか思えない

神のはからいは、「運命」といってもいいでしょう。神という擬人的なイメージを浮かべるのではなく、「それは運命だ」と考えれば、あまり不自然ではありません。

マルクスにとっては、神はイコール自然であり、叡智の力でもあります。神を信じることとは、自然に従って理性的に生きることになるわけです。神の力、運命の力があるのだと思うことは、決して理性に反することではないのです。

宗教的な意味合いは特になくとも、神の存在を意識し、神に畏敬の念をもつと、精神の安定が得られます。神々の力に感謝すると、私たちも少し心持ちが、落ち着くかもしれませんね。

宇宙は物質であり、魂である

アジアやヨーロッパは、宇宙の片隅。すべての大海は、宇宙の中の一滴。

現在の時は、ことごとく永遠の中の一点。

あらゆるものは小さく、変わりやすく、消えてゆく。(6-36)

宇宙はひとつの生きもので、物質と魂を備えたものである。

このことを、いつも考えよ。

すべてのことは、起きることすべての原因となっており、すべてのものは共に組み合わされ、織り合わされている、ということを常に心に思い浮かべよ。(4-40)

宇宙的なスケールで考えると ものの見方が変わってくる

ここでは、宇宙というものをどう考えるか。それを見てみましょう。

マルクスの生きた古代ローマ時代には、自分たちのいるところは、広大な宇宙の中の片隅にすぎない、とすでに認識していたのですね。現在は永遠の中のほんの一点であり、陸も宇宙の片隅、大海も一滴にすぎない。**すべては移ろいやすく、やがて消えてなくなっていく。**

和歌に見られるような日本人の考え方では、宇宙全体といった広大な発想は、なかなか出てきませんね。身近な自然などをイメージするほうが、馴染みやすかったでしょう。

しかし、マルクスは宇宙的なスケールで、物事を考えています。こうした見方は、実際に宇宙進出を果たした現代のスケール感に、むしろフィットしているのではないでしょうか。

立花隆さんの『宇宙からの帰還』（中公文庫）には、宇宙的視野の実感が書かれています。宇宙飛行士たちは、宇宙空間に出て地球を外側から眺める、という人類未踏の経験をしました。彼らは、真っ暗な宇宙の中で、ただひとつ大気で守られ、生命が息づいている、素晴らしく美しい星、地球を見たのです。

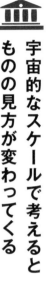

そうした体験をすると、考える視野がずっと広くなったり、また国家どうしの紛争を、愚かだと感じるようになるなど、世界の見え方、人生観が変わってくる、ということです。

宇宙は、まるで生き物のように すべてを法則に従って動かしている

「宇宙は、ひとつの生き物だ」とは、これもストア哲学の考え方の特色です。ビッグバンから始まったといわれる宇宙は、ふつう物質の現象と考えられます。それを物質でありながら、魂をもつものとしてとらえる。これは、ちょっとおもしろい考え方ですね。

そして、その宇宙がすべてのものを生み出し、支配するのです。すべてのものは、「共に組み合わされ、織り合わされて、調和した状態となって、いまこの現実がある」と考えるわけです。これは48ページでも、語られていることです。

また、**宇宙という〝生き物〟は、理性をもっています。それは、気息（プネウマ）として、万物にあまねく与えられており、私たちにも「指導理性」として、共有されているものです。**

このことについては、128、132ページで解説してありますので、ご覧になってください。

ところで、宇宙を作っている物質の組成を調べてみると、私たちの体も、同じ物質で作られていることがわかります。また宇宙は、ニュートンの発見した運動法則や、アインシュタインの唱えた相対性理論、といった法則・原則によって運動しています。

さらには、宇宙の多くの部分を占めているが、まだ正体がわかっていないダークマター（暗黒物質）や、ダークエネルギーもまた、宇宙を成立させているものです。

こうした宇宙的な物質や運動と、私たちも深い関係にあります。地球も、私たちの生活も、宇宙を支配する原則に従って動いている。その意味では、宇宙全体が、まるでひとつの生き物のように、大きな法則で貫かれているのです。

そして、すべてのものを支配する宇宙の意思が、世界のさまざまな出来事を、起こしているのです。こうして起きたことがまた、その他すべての出来事の原因となっていきます。**出来事やものどうしが、互いに絡み合って、この世界が動いていくわけです。**

このように、宇宙はとても大きく、私たち自身やその住処である地球も、そのごく一部でしかない。しかし、そこにも宇宙の原則が貫かれています。これは現在の認識でもそのとおりで、マルクスの考え方も、理にかなっていることになりますね。

宇宙スケールで人生を考えてみる

無限の時のうち、なんと小さな部分が各人に割り当てられているか。それは一瞬にして、消え失せてしまう。

また全大地の、なんと小さな土塊《つちくれ》の上を、君は這っているのか。このことを思って、内なる自然の導くままに行動し、宇宙の自然の与えることを受け入れよ。（12-32）

我々のあらゆる行為の総計であるこの人生は、それがしかるべき時期に終わるならば、何の害もこうむらない。

その時期、その期限は自然が定める。（12-23）

宇宙の自然が、人間に理性を分け与え死の時期も決めてくれる

宇宙の無限の時という測り知れない深淵があって、そのうちの非常に小さな部分が、各人に与えられているにすぎない。しかも、それは一瞬にして消えていってしまう。マルクスが繰り返し語っていることですね。前項や92ページ4 - 3でも説かれていました。

そして「なんと小さな土塊の上を、君は這っているのか」。それを思うなら、内なる自然の導くままに行動しよう、と勧めています。

死というものは、それが早すぎると思うと、「ああ、もうお終いなのか」と、何か後悔の気持ちが湧いてきますね。でも、あらゆる行為から構成される、この人生が、しかるべき時期に終われば、何の問題もない。その時期は、自然が定めるのです。

自然はまた、運命でもあります。運命が死ぬべき時期を決めていく。それが寿命です。ですから、人生の終わりである死は、恐れる必要はない、と納得できるのです。

「こうしてすべてのものが変転、流転し続けることによって、宇宙全体は、いつも若く盛んな状態を保つことができる」と、マルクスは引用文の後に続けています。

ストア哲学の考え方によれば、すべてこの世は、宇宙の大原則によって、合理的にうまく動くようにできています。「なるべくして、こうなっている」というわけです。世の中をペシミスティックに考えるのではなく、ポジティブに考えているのですね。

ただ、マルクスの場合は、戦乱が絶えない時代の皇帝でしたから、辛いこと、面倒なことも多かったでしょう。彼の思想には、どこか人生をはかなむようなニュアンスが、漂っているのが読み取れますね。

自分の内側の声に、耳を傾けるとほんとうの自分を、見つけることができる

これまでもたびたび言及されてきましたが、「自分の内なる自然の導くままに行動する」とは、マルクスの基本的な考え方で、彼の大切な人生の指針となっています。

宇宙を支配している、宇宙の法則であり意志のようなもの、それが自然です。その自然が自分の中にも存在している。これは別に、スピリチュアルで神秘的な考えではありません。自分の内部に、自然が分かち与えられている。その自然が欲しているものを聞く力が、自分の中に

あり、自分を導いてくれる。それが「指導理性」です。

よく経験することですが、文章を書いていると、「あ、これが自分の内側の声だったのか」と思いあたることがあります。また、カウンセリングでカウンセラーと話していると、「ほんとうは、こんなことを考えていたのか」と、初めて自分の考えに気づくこともあると思います。

カウンセリングには、カール・ロジャーズというアメリカの臨床心理学者が開発した「ノン・ディレクティブ・カウンセリング」という方法があります。「こうしたらよい」などと指示をしないで、クライアントの悩みや不満などに耳を傾け、ひたすら聴いていく（傾聴）。すると、その人の内側から自然に解決策が引き出され、心の整理ができる、というものです。

ロジャーズのエンカウンター（出会い）グループという考え方に基づいた「自己理解のための合宿」を、東京大学で行っていたことがあり、私も何回か参加しました。初対面の8人ぐらいが、部屋で円くなって座り、何をテーマにするともなく、それぞれ話していくのです。

会をスムーズに運ぶファシリテーターは、話を上手に聞いていく役割でした。そうして話していくうちに、互いに自分自身の抱えるものに気づいていき、自己理解が進むのですね。

人と初めて出会う中で、むしろ自分自身を見つけることができる。案外、自分の内側の声とは、思わぬ出会いによって、気づくこともあるのです。

ジャニーズ問題が浮き彫りにするもの

明け方から自分に、こういい聞かせておくがよい。うるさ型や、恩知らずや、横柄な奴や、裏切者や、やきもち屋や、人づきあいの悪い者に、出くわすことだろう。この連中にこうした欠点があるのは、彼らが善とは何か、悪とは何かを、知らないからだ。（2–1）

あることをなしたために、不正である場合だけでなく、あることをなさないために、不正である場合も少なくない。（9–5）

何がよいことで、何が悪いことか
叡智が、それをわからせてくれる

皇帝のマルクスは、日々の政務をこなさなければならず、また戦場では指揮を執らなければなりませんでした。引用文にあるように、**うんざりするような人たちにも、会わざるを得なかったことでしょう。そうした毎日にどう対処したら、気持ちよくやっていけるか、と考えをめぐらせたのだろうと思います。**

このような、心をわずらわせるような人たちは、何が善であり、何が悪であるか、まったくわかっていない。だからこんな厄介な人間になるのだ、と自分にいい聞かせています。

自分のしていることが、よいことなのか悪いことなのか、それがわからないため、罪を犯してしまう。そうした中学生、高校生ぐらいの子が、少年院に入っています。先輩など非常にたちの悪い人にそそのかされて、犯罪に手を染めてしまったりするのです。

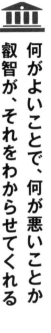

そうした少年院で、少年たちに詩を作るという実践をしている方がいます。詩を書くことで初めて、子どもたちが自分を見つけ、「自分は悪いことをしたんだ」と、気づいていける。

罪を犯してしまった苦しみや悩みなどが言葉となって、あふれ出てきたとき、詩が生まれるのです。この「気づき」がいちばん大切なのですね。

人にさとされるのではなく、自分自身が何かに出会ったり、表現をすることによって、「はっ」と気づく。そして善悪を知っていく。これは自分の中に、叡智を育てているわけです。

何もしないでいても大きな罪を犯すことがある

不正な行為をすれば、それは当然よくないことです。ところが、何もしないでいれば、不正を免れるかというと、それも違うのです。傍観者として何もしなかった、見逃してしまった。そうしたケースも、不正な行為に等しいことがあります。

2023年になり、ジャニー喜多川による性加害問題が、いろいろと報道されています。この問題について、関係者ならばある程度知っていたはずなのに、それを指摘したり、正そうとはせず、何もしなかった。そのため、不正が長期間続くことを許してしまったのです。

一部では疑惑が取り沙汰されていたようですが、BBCのドキュメンタリーが報道され、国連の人権理事会が調査にくる、といったことがあって、ようやく明るみに出てきました。

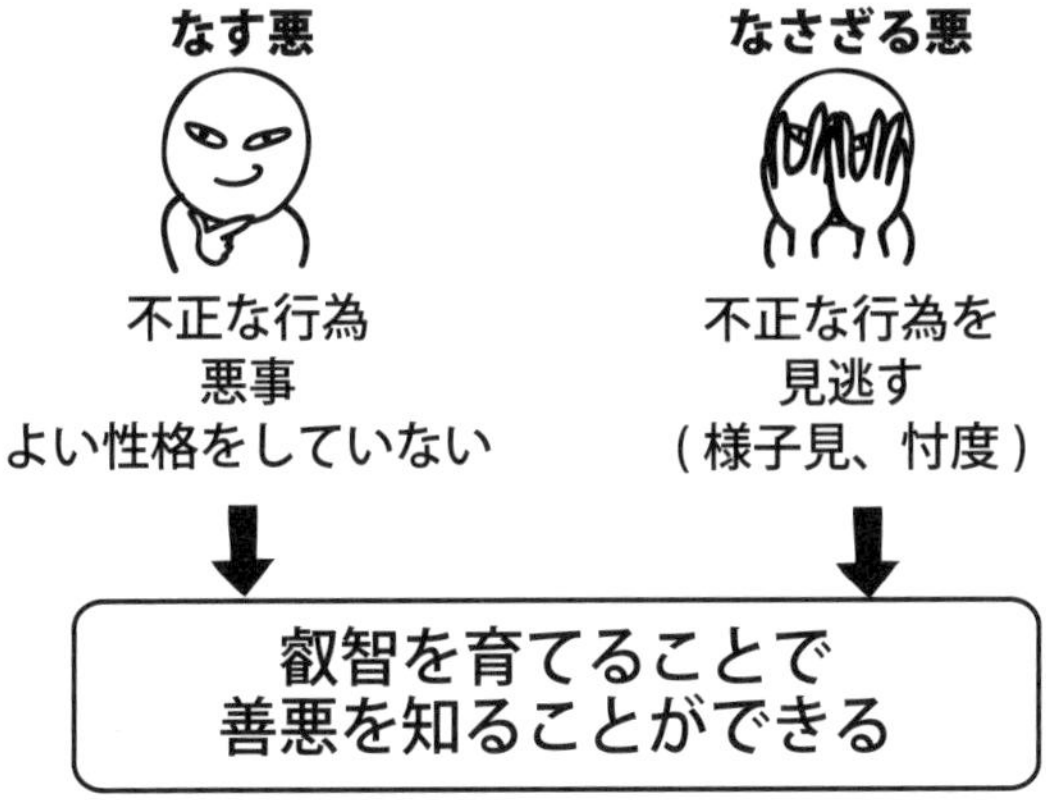
なす悪
不正な行為
悪事
よい性格をしていない
なさざる悪
不正な行為を
見逃す
(様子見、忖度)
叡智を育てることで
善悪を知ることができる

自分の中の悪に気付くには

1988年には、北公次さんによる告発本が出され、35万部も売れました。告白ビデオも出ました。ところが、テレビ局など大手マスコミやクライアントの企業を含め、多くの人たちがこの問題を無視し、しかるべき行動を起こさなかった。

そこにあった忖度とは、どういう性質のものだったのでしょうか。これは単に芸能界だけでなく、報道も含めて社会的に、たいへん大きな問題だと思います。

とりあえず様子見をするとか、誰かが言い出したら同調しよう、といったことが続いた。それはまさに、「あることをなさないために、不正である」ことなのです。

誠実な人と知り合い、付き合うこと

君がそんな目にあうのは当り前さ。君は今日よい人間になるよりも、明日なろうというんだ。（8－22）

たくまれた誠実は、懐刀のようなものである。狼の友情ほど忌むべきものはない。何ものにもましてこれを避けよ。

よき人、誠実な人、親切な人は、その特徴を目にたたえており、それは人に気づかれずにすむものではない。（11－15）

よいことをし、よい人間になるには先延ばしをしてはいけない

よい人間になるのを先延ばしにして、「今日じゃなくて、明日よい人間になろう」と、善行を先延ばししている人は、ろくな目に合わない、ということですね。

「善は急げ」ということわざもあるとおり、よいことをしよう、と思い立ったら、すぐに実行したほうがよい。ぐずぐずしていると、そのうちにほかの欲望などが起きて、その誘惑に負けてしまい、せっかくの殊勝な気持ちが、うすらいできてしまうのです。

そして、ついつい先延ばしになってしまいます。その結果、「しまった、あのときやっておけば、こんなことにならなかったのに」と、後悔する羽目になる。そうしたことは、私たちもよく経験しますね。

おそらくマルクス自身にも、そうした経験があったのでしょう。108ページ2－4でも、「思い起こせ、君はどれほど前から、これを延期しているか」と、みずからを戒めています。

よいことをするにも、やはり機会を上手にとらえて、先延ばしにしないことです。

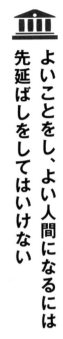

にせものの誠実さに、騙されないように
ほんとうによい人は、それが目に表れている

誠実さを装った人とは、懐に隠された刀のようなもの。いつそれで刺してくるか、わかりません。ほんとうの誠実ではないのです。「狼の友情」も、やがてこちらに嚙みついてくることでしょう。騙されてはいけません。

そうした人たちとは違って、ほんとうに誠実で親切な人たちは、彼らの目を見ればわかるのです。誰にも気づくことができます。にせものの誠実さに、惑わされてはいけませんね。

すべてがお金で動いていく、この資本主義社会では、親切を装って儲けるような人も、残念なことに珍しくはありません。

実は危険な金融商品で、元本割れしそうな場合でも、営業スタッフは前もって知らせないことがあります。明らかに欠陥のある中古車でも、そこには触れないで、よいところばかりを強調して売ってしまう。

誇大広告を含めて、こうしたことは後を絶ちませんね。美辞麗句で人を釣ったり、一見すると優しく誠実そうな人が、ちょっと悪いビジネスを行うのは、ありがちなことです。

では、営業スタッフは何やら怪しい人ばかりか、というと、そうでもないのですね。たとえば、時計を買おうとして「どれがいいだろうか」と相談すると、「これは新品よりも、こちらの中古のほうが、総合的に見て、お買い得ですよ」と、アドバイスしてくれるような営業スタッフもいるのです。

利益が大きい新品を売りつけるのではなく、消費者目線なのですね。長い間にわたって、売り上げを伸ばしていけるような人は、お客の身になって、一緒に考えられる人なのです。

ちょっと騙してうまくいくようなケースは、長くは続きません。一方、誠実な人とは、長いつきあいができます。そうした人は「その特徴を目にたたえている」のですね。人びとに気づかれずにすむものではありません。**長年の評判は、大切な信用なのだなと思います。**

私には、学生のころから40年もお世話になっている歯医者さんがいます。私が引っ越した後も、まだその歯医者さんにかかっています。ほんとうに誠実な治療をされる方で、おかげで私の歯は1本も減らずに、いまも40年前の状態を保っています。すばらしい歯医者さんです。

こうした誠実な人とともに、人生を歩むことができるのは、非常にありがたいことです。でも、その歯医者さんも70歳を超えられて、残念なことに、次回が最後の診療となります。

幸福は自分の感情の中ではなく、行動の中にある

名誉を愛する者は、自分の幸福は他人の行為に左右されると思い、享楽を愛する者は、自分の幸福は自分の感情の中にあると思うが、もののわかった人間は、幸福は自分の行動の中にあると思うのだ。(6－51)

同胞と密接な関係にあるかぎり、私は非社会的な行為はせず、かえって同胞のことを心にかけ、自分の全活動を社会公共の利益へ向けて、これに反するものから遠ざけるようにするだろう。

そうすれば、人生は必然的に幸福に流れゆくだろう。(10－6)

自分で進むべき道を選んでいく そこに幸福がやってくる

幸福とは何かについて、マルクスの言葉に添って考えてみましょう。

「名誉を愛する者は」とありますが、これはいい意味での名誉ではなく、「他人から評価されることばかり考えている人」ということです。

自分の幸福が、他人のすることに左右されると思うと、他人に恨みをもつことも生じてきます。「あの人のせいで、こんなに不幸になってしまった」と、人のせいにしてしまう。

また「享楽を愛する者」も、自分の感情に流されて、欲望のままに振る舞うことが、幸福なのだと思っている。

ところが、ものわかった人間は、「幸福は自分の行動の中にある」と考えます。人とのつきあいでも、自分がその人とつきあうことを選んだのだから、不都合なこともその人のせいにはなりませんね。「自分の行動が、幸福を作っていくのだ」という積極的な考え方です。

さまざまな選択肢の中で、自分がどういう行動をとるか。そこに自分の幸福がかかっている。

でも、自分が行動したことや選択したことが、失敗なのか成功なのかは、そのときにはわからないことがあります。

「人間万事塞翁が馬」という中国の故事のように、結果がどういうことになるか、先が見えないわけです。しかし、あくまで自分がしたことですから、その結果についても自分の預かりです。**決着はつきがたく、コントロールしがたいところもありますが、自分のしたことの中に、幸福はかかっているのです。**

たとえば、会社を辞めようと思う。それは自分の選んだ道なので、その後何が起きても自分で引き受けていく。幸福はそこにあるのだ、と考えればいいわけです。

私の教え子の中に、新聞社に入ったけれど辞めて、出版の仕事をフリーで始めた人がいます。また、同じように新聞社で出世コースにいたのに退社して、中学の先生になった人もいます。二人とも今に満足しています。それぞれ人生の選択をしているのです。

ふつうに考えれば、「新聞社を辞めるなんて、もったいない」となりますが、自分の幸福は「こちらにある」と思って行動した場合、いろいろな苦労に出あったとしても、「それでよかったんだ」と思えるのですね。その選択と行動の中に、幸福が生まれてくるのです。

人は互いに協力し合うもの社会の利益になることに、幸福はある

そして、幸福のもうひとつの要素は、公共の利益と関わることにあります。私たちは同胞であり、互いにつながって、協力し合って生きていくのです。同胞のことを心がけて、社会の利益を目指して行動していく。すると必然的に、人生は幸福に流れていきます。

幸福は、自己中心的な人間には訪れにくい。自分だけが幸福になろう、自分だけが得しようとすると、うまくいきません。なぜなら、自分は社会全体の一部分なのですから。

「アラユルコトヲ　ジブンヲカンジョウニ入レズニ　ヨクミキキシワカリ……」とは、宮沢賢治の詩『雨ニモマケズ』の一節です。自分を勘定に入れず、木偶《でく》の坊と言われても、東西南北あらゆる場所に出かけて、人によかれと思うことをする、そういう人になりたい。結果、それが幸福だということでしょう。特に自分が幸福になりたい、というわけではありません。

賢治はまた、『農民芸術概論綱要』の中で、「世界がぜんたい幸福にならないうちは、個人の幸福はありえない」と書いています。全体のことを考えることによってこそ、自分がその中で生かされる、ということなのです。私たちは誰もが、公共的な存在なのです。

黒柳徹子さんが身にまとう「つよさ」

悲しみというものは、ひとつの弱さである。同じように、怒りもまた弱さである。つまり、どちらも傷を受けることであり、降参することなのである。(11-18)

我々を悩ますのは人の行動ではなく、これに対する我々の考えである。その行動を災いと考えた君の判断を、捨てる決心をせよ。そうすれば君の怒りは、消えてなくなるであろう。(11-18)

悲しむとか怒るとかマイナスの感情からは距離を置く

人間にとって、何かを悲しんだり、何かに怒りを感じることは、ふつうに生じてくることです。ところが、マルクスは、「怒りや悲しみは、弱さであり、自分が傷ついたり、降参してしまうことだ」といいます。怒りや悲しみなどに負けてはいけない、というわけで、これはなかなかの強者の考え方ですね。

でも案外これは、すっきりした考え方ではないでしょうか。**悲しみや怒りを、弱さとして遠ざけてしまう、そんなものに自分が降参することなど必要ない。こうしたしっかりとして強い考え方も、いまの時代には必要なのかもしれません。**

ほんとうに前向きで強い人は、悲しみとか怒りなどとは、少し距離を置いたところにいる、という感じがします。女優でエッセイストの黒柳徹子《くろやなぎてつこ》さんとは、「徹子の部屋」への出演や、対談もさせていただきました。その折に感じたことですが、徹子さんからは、悲しみとか怒りといった、ネガティブな弱さのようなものが、あまり感じられないのです。

もちろん、ユニセフ親善大使をなさっていますから、災害や飢餓、貧困など世界的な問題に対しては、悲しみや怒りをもたれることと思います。けれども、個人的な悲しみや怒りのようなものからは、距離を置いておられる印象ですね。

怒り、悲しみ、挫け、といった弱さを寄せつけない。飲み込まれず、はね返す。そのような心がまえ、生き方があるのです。

人がしたことを悪く思うのは自分がそう考えているだけにすぎない

よく考えてみると、私たちを悩ますのは、人が何かしたこと自体ではなく、その行動が自分の災いになる、と考えたことなのですね。人の行動によって、災いをこうむったわけではない。災いだと考えてしまった自分の判断を、捨てるのです。そうすれば、怒りが消えていきます。誰かが自分を誹謗中傷した、誰かが妙なことをした、そうした行いを災いだ、損害だと思うから腹が立つ。そう思ってしまう自分の考えを捨てなさい、というすすめなのです。

私の教え子で教師になった人の話ですが、授業中に、大きな声でおしゃべりしてしまう生徒がいました。そこで、「どうしてもしゃべりたかったら、筆談でやってね」と、生徒に紙を渡

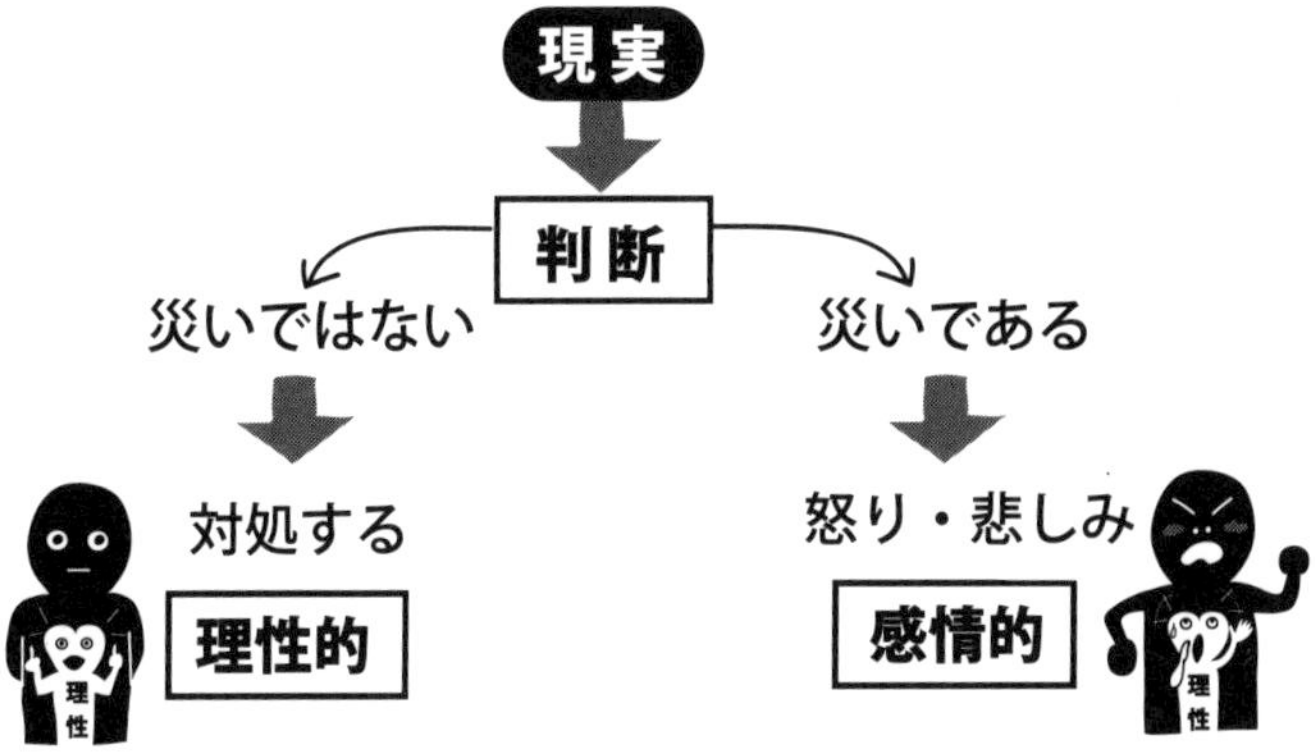
現実
判断
災いではない
災いである
対処する
理性的
理性
怒り・悲しみ
感情的
理性

感情的になるな。理性を保て

したそうです。

生徒の行動を、妨害や災難のように受け取って、怒りをぶつけることはしません。その子に、ほかに何かできることはないか、と考える。そうすると、怒りに飲み込まれないですむのです。

つい怒りそうになったときでも、自分のほうの考えを変えていく。何か、配慮をしてみたり、言うことを聞いてあげるけど聞き流しておく、などいろいろな対処法があるでしょう。

災いと考えて、自分の中で怒りに変えてしまうことはやめよう。「怒りへ直結させる回路を断ちなさい」というアドバイスです。

不機嫌になるのは、自分に負けているから

出来事はすべて、君が生まれつき耐えられるか、または生まれつき耐えられないか、そのどちらかの仕方で起こる。

もし耐えられる場合は、文句を言わず、これに耐えよう。

しかし、もし君が耐えられない場合でも、やはり文句は言うな。それは君を消耗しつくすであろうから。（10－3）

睡気、暑気、食欲不振のどれかのために、不機嫌になった場合は、「私は苦痛に降参しているのだ」と、自分にいい聞かせるがよい。（7－64）

悩みや苦しみがあっても文句をいわず、それに耐えてみよう

悩みや苦しみには、どう対処したらよいか。何事も、生まれつき耐えられるものか、または耐えられないものかの、どちらかである。どちらにせよ、文句を言いなさんな、とマルクスはいいます。

そのわけは、耐えられるものならば、そのまま耐えていけるし、また、耐えられないときは、それで自分はすぐに、消えてなくなってしまうのだから。

自分は消耗されてしまっても、それは運命なのだ、ということです。マルクスには、自然に従う、運命を受け入れる、という考え方があり、ここでもそうした姿勢が出ています。

悩みや苦しみにおそわれたときは、それに飲み込まれないようにする。**耐えられるものだったら耐えなさい、耐えられないものだったら、消滅の運命を受け入れるしかない。**どちらにしても、文句を言う筋合いはないのです。

また、眠いとか、食欲がないとか、とても暑い、などというときには、不機嫌になりがちですね。しかし、それでは苦痛に負けてしまっている。前項や76ページ11・9でも指摘されてい

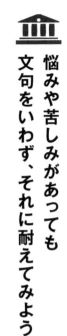

たように、「苦痛に降参してはいけない、これを乗り越えよう」と鼓舞しているのです。

不利なことが起きて、不機嫌になるのは自分に負けてしまっているのだ

スポーツの試合を例にとると、テニスの全仏オープンでは、コートにレンガや石灰岩などを粉砕したものが、敷いてあります。真夏にこのコートで試合をするのはすごく暑いし、雨が降ると柔らかくなって、足が滑りやすくなる。

このコートは、プレイを不利に導くようなものが満載ですから、いきおい選手は不機嫌になって、ラケットを折ってしまうような人も出てきます。しかし、カルロス・アルカラスという、2023年のウィンブルドン選手権で優勝したスペインの選手は、試合ではけっしてラケットを破壊しません。

それは、自分が尊敬するスペインの先輩、ラファエル・ナダル選手が、このコートにめっぽう強く、ラケットに当たるようなことはなかったから、といいます。偉大なる先輩を見ならって、自分も不機嫌にならないように鍛えているわけです。

降参しそうな苦痛
耐えられる
耐えられない
文句を言わず耐える
文句を言うことすらできないはず

言っても仕方のないことは言わない

イチローさんは、どんなときでもバットを大事にし、丁寧に手入れをしていたそうです。グローブを投げつけるようなこともしません。それは、自分の道具を作ってくれた人たちのことを考えているからですね。こうした先輩がいると、後輩たちも道具を大切にするようになります。

人生には、いろいろ難しいことや嫌なこと、困ったことが起こります。しかし、そこで不機嫌になってはいけませんね。

自分にとって都合の悪いものが苦痛だとすれば、苦痛に降参してしまうのではなく、それを乗り越える。優れた模範があると、克服する気持ちも湧いてきます。

困難だと思わなければ、それは困難ではなくなる

自分に起こったことを、悪いことだと考えさえしなければ、まだ何も損害を受けていないのだ。悪いことだと考えない自由は、私にあるのだ。（7－14）

理性的動物である人間は、その目的が何であろうと、あらゆる障害物を、自分の素材として活用することができる。（8－35）

逆境であるか順境であるか　それは自分の考え方次第だ

事故や障害となるものに遭遇したら、「それは災いだ、悪いことだ」と考えないようにします。そうすれば、自分にはなんの損害も受けませんね。「悪いことだ」と考えない自由もあるのです。これは62ページでお話ししたことと、共通するところがあります。

あらゆることを、よい方向に考える習慣。少なくとも、それを悪いことだとは思わないようにする。むしろ「かえってよかったのだ」と考えるのです。

たとえば、歳をとって病気になるのは、辛いことでしょう。しかし、かえって体に気をつけるようになるので、病気は必ずしも悪いことばかりではない、と思うようにするのです。

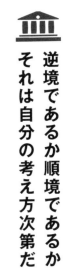

明治から大正にかけて、日銀総裁や総理大臣も務めた高橋是清《たかはしこれきよ》に、こんな話があります。小さいころに走ってきた馬に踏まれたが、幸いなんのケガもなかった。それで周囲の人たちから「幸運な子だ」と、よく言われたそうです。

幼い頃から「自分は幸福だ」と思い込んだので、「生来の楽天家になった」と、是清は語っています。その後、アメリカで騙されて奴隷のように売り買いされて、たいへんな苦労をしました。でも、「逆境も心のもちようひとつで、順境となる」と、前向きに受け止めたのです。
そういうスーパーポジティブな考え方の人もいたのですね。

マイナスをプラスに変えてしまう ポジティブ変換を習慣づけよう

こうしたポジティブな考え方に連なるものですが、自分に起きたマイナスやトラブル、そうした障害を乗り越え、逆に人生の素材として活用して生きていく力が、人間にはあるのです。116ページ5-20でも同じことがいわれていますね。

実際にチャレンジとは、すべてそうしたもので、あえて障害物を設ける、ということさえあります。ゴルフでいえばバンカーやラフ、急な坂などがあるので、いっそうおもしろくなる。

「障害や事故を、災いとは考えない」という思考習慣を、つけてしまうといいのです。

何か嫌なことが起きたときに、「いや、このアクシデントがあったので、かえって休養をとることができた」などと、瞬時に考えを切り替える。「かえっていい」、「逆によかった」、「むしろいい」といったフレーズを口ぐせにするのも有効です。

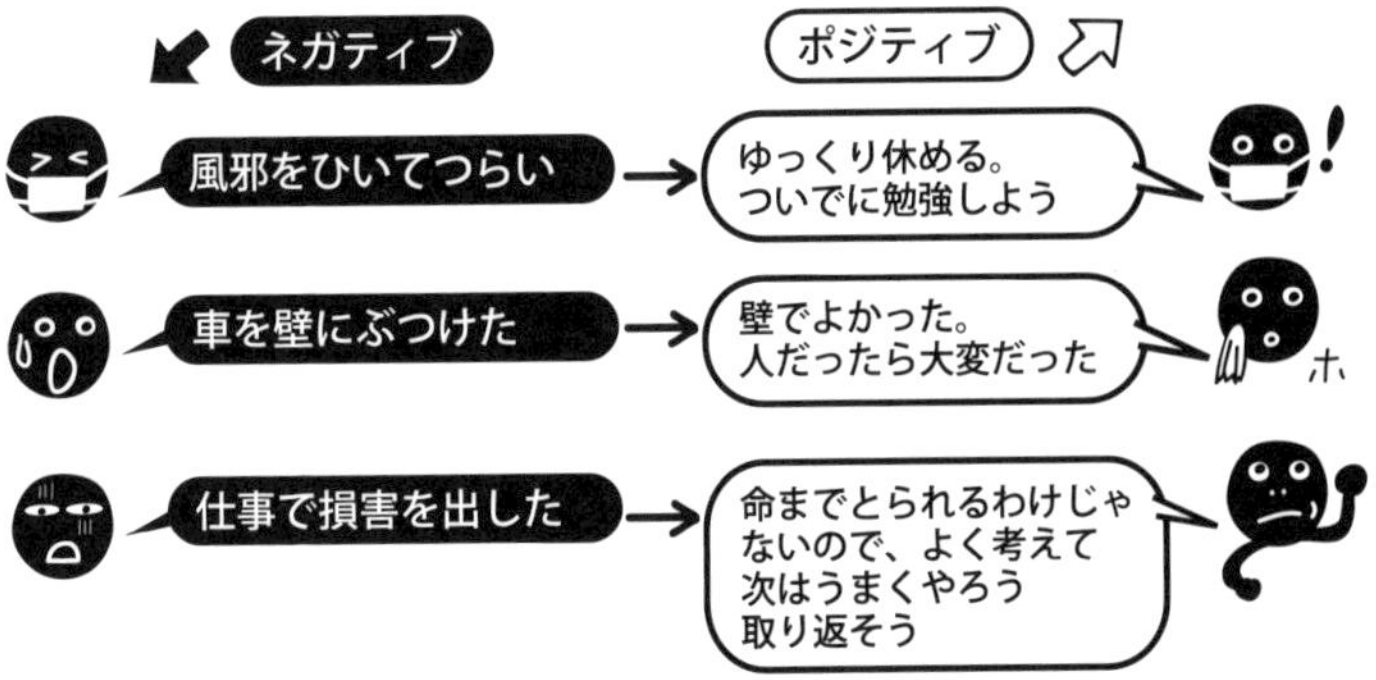
ネガティブ
ポジティブ
風邪をひいてつらい
ゆっくり休める。
ついでに勉強しよう
車を壁にぶつけた
壁でよかった。
人だったら大変だった
ホ
仕事で損害を出した
命までとられるわけじゃ
ないので、よく考えて
次はうまくやろう
取り返そう

ポジティブ変換の例

イベントなどで人があまり集まらない。100人ほどを予定していたけれど、やって来たのはたったの4人だけ。そうなったときは、「4人⁉　ふむ、だったらむしろファミリーな雰囲気でできるな」と、すぐポジティブ変換してしまう。

また「入試で落ちて浪人してしまった」けれど、「その1年間が、いまの自分を作ってくれたのだ」といったように、マイナスだと思ったことを、プラスに変換するわけです。あまり悔やんでばかりいても、いい展開となるわけでもありませんね。

私も実行していますが、**ポジティブ変換する思考習慣は、練習するとけっこう身に付きますので、おすすめです。**

ルッキズムに陥らないようにするために

ものの内部まで見よ。

どんなものであれその固有の性質と価値が、君の目を逃れることのないようにせよ。（6-3）

すべては主観にすぎないことを思え。
その主観は、君の力でどうにでもなるのだ。
したがって君の意のままに、主観を取り去るがよい。（12-22）

ちょっと見ただけでは ものの価値はわからない

偏見や先入観にとらわれて、誤った考えに陥っていることが、よくあります。テレビ番組の「食わず嫌い王決定戦」のようなものですね。私は、キノコ類があまり好きでなく、とりわけシイタケが苦手。ですが、料理によっては、食べられるときもあるのです。「キノコが入っていたら、もう食べられない」と思うのは、主観であり、思い込みです。おいしいなと思いながら食べた料理に、「実はシイタケが入っていました」と言われて、「えー!? そうだったんですか」と、びっくりするようなものですね。

こうした思い込みは、捨ててしまう。すると、物事を、先入観のバイアスなしに見ることができる。そして、ものの本質を見ることが、できるようになるのです。

内部をよく観察すると、そのものの固有な性格が見えてきます。いま「ルッキズム」という言葉をよく見かけます。外見だけ、見た目だけで、人を判断することですね。私たちも、そうしてしまいがちな傾向が、あるようです。

見た目だけで、「この人は、ダメ」などと、即座に判断してしまう。そうすると、人間の内部までは、見えてきませんね。時間をかけてつきあってみると、実は誠実で優しさのある人なのに、それに気づけない。誤った評価が生じることにもなります。ですから、よくよく内側を見て、主観には頼らないことが大切です。

偏見や思い込みを取り去って真実の姿をとらえるように

自分の思い込みで、ものを見てしまうと、ほんとうの姿があまり見えてきません。**出来合いの通念をあてはめて、わかったつもりになってしまうのです。**

フランスの画家、ポール・セザンヌは、「リンゴひとつで、パリ中を驚かせてみせる」と語ったそうです。「リンゴなんて誰でも描ける」と、みな思っていますね。しかしセザンヌは、そうした型にはまった思い込みを、消し去った状態でリンゴを描いていきます。そこではじめてリンゴの存在感が、見る人に伝わってくるのです。

モーリス・メルロ＝ポンティというフランスの哲学者の著書に『知覚の現象学』があります。その序文には、「現象学とは、バルザックが描写したように、またセザンヌが描いたように、

いらないものはポイ！しよう

注意深く厳密に記述すること」という意味のことが、書かれています。先入観をカッコに入れて、丁寧に事実を記述していく。そこに物事の本質が、現れてくるというのです。

先入観とは主観ですから、それを取り去ってみる。すると、「第一印象でこう思った」としても、長くつきあっているうちに、「あの人、はじめは、ちょっと嫌な人だと思ったけど、けっこういい人だった」というようなことがあります。

偏見のベールを一枚一枚取り去っていく。そのときに本質が現れるのですね。真実は、ベールで隠されている。そのベールを取ってしまうと、自然と現れてくるのです。

齋藤流「逆ブロックのすすめ」

苦いキュウリは、棄てるがいい。茨のある道は、避けるがいい。それで十分。「なぜこんなものが、世の中にあるのだ」などというな。もし君が大工や靴職人に向かって、仕事場にかんな屑や革のけずり屑がある、などと批難したら、彼らに笑われるだろう。それと同じわけだ。（8－50）

ある者は祈る。「あの人を、厄介払いできますように」と。ところが君は「厄介払いする必要を、感じなくなりますように」と祈るのだ。（9－40）

無駄なもの、邪魔なものはそれを避けるだけでよい

何かに不平や不満を感じたら、それを棄てればいい、避ければいい。「なぜこんなものが、世の中にあるのだろう」などと、よけいなことは考えない。「かんな屑や革のけずり屑が仕事場にある、などと批難したら、笑われるだろう」。それと同じだといいます。

ここも、マルクス独特のおもしろい比喩が、生きていますね。

世の中には、都合でどうしても生じてくる、「無駄」なことがあります。家を建てるために、木材にかんなをかければ、かんな屑が出てきます。靴を作るには、余分な革を切り落とします。こうしてできるゴミよりも、家や靴を作るほうが大事なことですね。

ゴミは捨てればすむことです。苦いキュウリは苦くないものに替えればいいし、茨のある道に出合っても、茨を避けて通ればよいのです。それに目くじらを立てるほうが、むしろ「無駄」なことでしょう。

たまたま〝苦い〟人がいたとしても、「なんでこんな嫌な人が、世の中にいるんだろう」と考えないで、その人を避ければいいだけのこと。**ちょっと感じの悪い人がいただけで、「もう、**

この世が嫌になった」となってしまっては、行きすぎですね。

嫌だと思うことが、なくならないときは嫌だと思わなくなるほうが得策だ

また、こういう考え方も、マルクスは提案しています。

「どうも苦手だ」という人がいても、「あの人さえ、いなくなれば」とは思わないで、「いても一向にかまわない、と思えるように」と願うのです。相手を動かしたり、変えたりするのではなく、こちらの考え方を変えるわけです。これは可能ですね。

苦手な人に対しては、避けるのとは逆に、その人に積極的に話しかけ、楽しく会話をしたり、ちょっとしたプレゼントをしたりと、いろいろ努めてみてはどうでしょうか。相手の懐に飛び込むのですね。すると、その厄介だった人が、ずいぶん近しく感じられ、かえって親しみが湧いてきたりします。

「厄介払いできますように」と念じても、それはなかなか実現しません。厄介払いの必要を感じなくなるほうが、はるかに得策ですよ、と勧めているのです。なるほどと思いますね。

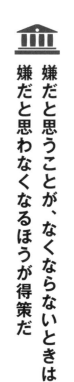

自分にできないこと
自分にできること
工事を止めることは、
自分にはできない
イヤホンなどで騒音を和らげることは
自分でもできる
うるさーい！
集中♪

他人は変えられないけど…

私は、それほどひどい近視ではありませんが、眼鏡を外すと周囲がはっきり見えなくなります。すると、周りの世界があまり気にならなくなるのです。人のルックスなども気にならない。こうして、**認識をぼやけさせる方法も、ちょっとおもしろいかもしれません。**

他人のおしゃべりとか、雑音とか、邪魔だなと思うような音で囲まれているときには、ノイズキャンセリングをしたイヤホンで音楽を聞くのです。けっこう集中できます。

引用文の、「避けるがいい」「棄てるがいい」とは**「マイナス面を気にしすぎないで、自分の心を整えなさい」ということにもなるでしょう。**

意外に、簡単なことかもしれません。

コラム　ひとりの時間をもって自分を整えると、気持ちがスッキリする

西郷隆盛《さいごうたかもり》は幕府と対立して、奄美群島の沖永良部島《おきのえらぶじま》に島流しとなっています。その折、江戸の儒学者、佐藤一斎《さとういっさい》の『言志四録《げんししろく》』の中から、自分の心に響いた文章を１００ほど抜粋して書き写しています（岩波文庫の『西郷南洲遺訓』に収録）。選んだ言葉について思いをめぐらし、自分と対話をしたのですね。

島に流されているので、ふだんと違って何もできません。そこで自分自身と向き合って、自分の心を整えるのです。

これは剣術の修行でも、禅の修行でも同じです。勝海舟《かつかいしゅう》は、武士の魂を整える手段として、「剣術と座禅のふたつが自分の土台となっている」と『氷川清話《ひかわせいわ》』の中で述べています。それは自分のうちにある指導理性を、注意深く見守ることになるのです。禅の修行のときに、ほかの人の意見を気にすることはありません。剣術で素振りをするときもそうですね。

このように自分自身を深く見つめ、自身を愛することとは、非常に大事なことです。

私たちは当然、「自分を愛している」と思っているようですが、意外に、そうでもないので

す。それは、なかなか自己肯定感がもちにくいからですね。その自己肯定感を、自分で取り戻す時間をもつことが大切です。

いまの時代では、カフェという場所が、そうした時間をもつには、うってつけといっていいでしょう。街角にはさまざまなカフェ、喫茶店があります。そこにふっと入って、30分か1時間ほど過ごす。そうすると、自分の心持ちが整うのですね。

ひとりでカフェにいると、少しばかり優雅な気分になります。会社でもない、家でもない場所。自分がちょうど中和されるような感じ、といえるでしょうか。

完全に部屋の中にこもってしまう状態とは違います。カフェは、みんながいる場所、社会に開かれた場所です。そこにひとりでいる。それがいいのです。本を読んだり、計画を立てたり、音楽を聞いたりして、自分を愛する時間をもつ。そうして自分を整えるのですね。

これはサウナでも可能です。サウナで汗をかいて、しばらく黙って座っている。周りに人はいますが、基本、自分ひとりなのです。自分の体と対話して、自分の体がスッキリする。そして水風呂に入って、体と心が整う。その整った状態が、自分を大切にしている時間なのです。

サウナで整うのをサ道といいます。水分補給を忘れずに。

おわりに――メッセージ・フロム・古代ローマ

私が『自省録』に出あったのは、大学生時代でした。神谷美恵子《かみやみえこ》さん（1914〜1979）の素晴らしい訳による岩波文庫です。神谷さんの名著『生きがいについて』も、私はすでに読んでいました。

神谷さんは、とても誠実な精神科のお医者さんです。翻訳にもそうしたところが、表れていたのでしょうか。マルクス・アウレリウスの言葉が、よい印象とともに素直に受け入れられたように思います。

「古代ローマ皇帝の言葉が、こんなにもスパッと自分に入ってくるのか」と、驚いたものです。「宇宙のほんの一点にすぎない人間、その自分はどう生きたらよいか」、それを説いたこの本は、当時「いかに生きるべきか」と、あれこれ思い悩んでいた私に、スケールの大きな考え方で応えてくれる感じがして、たいへん感銘を受けました。

いろいろと読んだ人生論の中でも、とくに『自省録』には、人生を生きる中で磨き抜かれた、実践的な知性、その強靭さが強く感じられました。そこが、私には非常な魅力でした。

学生時代からいままで40年のあいだ、折に触れては読んできた『自省録』は、まさに座右の書といえるでしょう。

全体が短い断章で構成されているので、とても読みやすい。全体を一気にも読めるし、また時折パラッとめくると、「そういえば、こんなことが書いてあったな」と、思いを新たにすることもあります。繰り返し出あうことができる本だったのです。

「ここがキタ！」といった箇所があると、緑や赤のボールペンで囲んだり、線を引いたりして、目立つようにします。そうして、自分のためのアフォリズム（警句、箴言）として、ローマ皇帝からのプレゼントを、ありがたく受け取るのです。時を超えて、所を超えて、このように言葉が届くことが、すごく嬉しかった、という記憶があります。

皆さんも、これはと思ったところに、線を引いてみてください。それが座右の銘になって、人生を活気づけてくれます。

中学生、高校生の方にも、マルクスの言葉がしっかり届いてほしい、という思いから、この本は、図解とともに、少しメッセージ風に構成・解説してみました。「メッセージ・フロム・古代ローマ」を、感慨深く味わっていただければと思います。

齋藤　孝（さいとう たかし）
明治大学文学部教授。1960年静岡県生まれ。東京大学法学部卒業。同大学院教育学研究科博士課程を経て現職。専門は、教育学、身体論、コミュニケーション論。『書ける人だけが手にするもの』（SB新書）、『声に出して読みたい日本語』（草思社）、『図解　歎異抄　たよる、まかせる、おもいきる』（ウェッジ）など著書多数

図解　自省録

人生を考え続ける力

2023年12月26日　第1刷発行

著　者　　齋藤　孝
発行者　　江尻　良
発行所　　株式会社ウェッジ
〒101-0052　東京都千代田区神田小川町1丁目3番1号
ＮＢＦ小川町ビルディング3階
電話 03-5280-0528　ＦＡＸ 03-5217-2661
https://www.wedge.co.jp/ 振替00162-2-410636
編集協力　青柳 亮（ラグタイム）
図解作成　駿高泰子
装丁・組版　佐々木博則
印刷製本　株式会社 暁印刷

ISBN978-4-86310-274-3　C0010